真宗新書

なぜ？からはじまる歎異抄

武田定光
Takeda Sadamitsu

はじめに

『歎異抄』は、親鸞《しんらん》（一一七三〜一二六二）の語録です。京都で生まれた親鸞は九歳で出家《しゅっけ》し、二十九歳まで比叡山《ひえいざん》で修道生活をおくります。その後、山を降り法然《ほうねん》の開いた「吉水《よしみず》の草庵《そうあん》」へ向かい弟子となります。ところが朝廷と旧仏教による専修念仏《せんじゅねんぶつ》の弾圧に遭い、新潟（越後《えちご》）へ流罪《るざい》になります。四年後に罪は許され、その後、北関東へ移り住みます。この地で約二十年間、伝道生活をし、たくさんの弟子が生まれ、さながら教団が形成されます。しかし、六十三歳頃、生まれ故郷の京都へ戻り、著述活動を行い、九十歳で亡くなります。

『歎異抄』の著者は、親鸞の弟子の唯円《ゆいえん》だとされています。親鸞が去った後の関東教団では信仰に混乱が生じ、様々な異義（異説）が生まれます。その異義を批判し、親鸞の語る正しい信心《しんじん》に立ち返ろうというのが執筆の動機です。

『歎異抄』には、その独特な言い回しから常識ではとうてい納得できない表現が出てきます。その都度、私たちは「なぜ？」と立ち止まります。しかし、この「なぜ？」こそが、歎異抄を読むための正攻法なのです。もし「なぜ？」と立ち止まらなければ、歎異抄への入口は開かれません。おおいに「なぜ？」という疑問をいだき、歎異抄の奥へ奥へと入っていただきたいと思います。

実は、この「なぜ？」に最初に立ち止まったのが、歎異抄の著者である弟子の唯円です。彼は七百年以上前に「なぜ？」と感じたのです。ですから、この「なぜ？」に現代の私が立ち止まるということは、自己の内面に唯円を体験することですし、仏法が釈迦《しゃか》の成道《じょうどう》以来、二千五百年という時間を超えて、私に〈いま〉伝承されてきたことを証明するのです。

歎異抄の構成は、前半の十条までが親鸞の言葉を中心にまとめられ、後半の八条は、弟子の唯円が異義を批判し、正しい教えを弁証していく部分です。

一万二千字弱の短編ですが、ここに展開している信仰のエキスは珠玉のものです。既成概念でいう「仏教」を超え、「宗教」という範疇《はんちゅう》をも超えた新たな思想を指し示しています。これは唯円の意図したことをも超えているのかもしれません。もはや作者の意図を超え、救済の法則性そのものが作者を通して展開したかのようです。この救済の思想には、まだ名前がありません。とりあえず「真宗」とか「真実」と名づけているだけなのです。

よく歎異抄は、「弟子が受け止めた親鸞」（語録）で、それは本当の親鸞ではないから、親鸞の著作を読むべきだという意見を聞きます。確かに親鸞の著作を読むことは大切なことに違いありません。しかし、歎異抄には親鸞本人にはない表現があるからこそ素晴しいのです。

それは弟子のこころに受け止められた親鸞なのです。そしてこれこそが「如是我聞《にょぜがもん》」（私はこのように聞きました）という仏教の正しい伝承の仕方なのです。

仏教の伝承が権威主義にならないのは、絶大な師があり、師の発言だけが正統だと考えないところです。むしろ師の教えを聞き仏弟子が誕生し、その仏弟子が師の尊さを逆に証明するのです。師の教えを受けた仏弟子は、独自の表現を生みます。また独自の表現を生まないようなものは仏教ではありません。時代に応じて表現が変わっても、その中を普遍の真実が流れていれば、それは仏説と同質なのです。

大切なことは親鸞という「ひと」が語っているから真実なのではなく、また「弟子の受け止めた親鸞」だから間違っているのでもありません。親鸞をして親鸞に語らしめたもの、弟子の唯円を通して唯円に語らしめたものこそが真実なのです。

真実は必ずひとを通してこの世に現れます。注意すべきことは、ひとに目を奪われないことです。ひとをそのように語らしめた真実にこそ着目していくべきなのです。ただ、そこに真実が流れていると受け止められるかどうかが、読者に問われているのです。

自分自身の直感をたよりに、さあ歎異抄の世界に飛び込んでいきましょう。

なぜ？　からはじまる歎異抄

もくじ

凡例

一、『歎異抄』の原文は、『真宗聖典』(東本願寺出版(真宗大谷派宗務所出版部)発行)に依ります。なお、ルビは読みやすさを考慮して適宜追加しました。

一、『歎異抄』の現代語訳は、武田定光さんが中心となって作り上げた『現代語歎異抄―いま、親鸞に聞く』(朝日新聞出版)の口語訳文を使用しています。

なぜ？　からはじまる歎異抄

序　誤解こそ理解の入り口

原文

竊《ひそ》かに愚案《ぐあん》を回《めぐ》らして、ほぼ古今《ここん》を勘《かんが》うるに、先師《せんし》の口伝《くでん》の真《しん》信《しん》に異《こと》なることを歎《なげ》き、後学相続《こうがくそうぞく》の疑惑あることを思うに、幸いに有縁《うえん》の知識によらずは、いかでか易行《いぎょう》の一門《いちもん》に入《い》ることを得《え》んや。全く自見《じけん》の覚悟をもって、他力《たりき》の宗旨《しゅうし》を乱ること莫《なか》れ。よって、故親鸞聖人御物語《こしんらんしょうにんおんものがたり》の趣《おもむき》、耳底《みみのそこ》に留《とど》まるところ、いささかこれをしるす。ひとえに同心行者《どうしんぎょうじゃ》の不審《ふしん》を散《さん》ぜんがためなりと云々。

現代語訳

私が思うに、親鸞聖人がいらっしゃったころといまとをくらべてみると、聖人が直接教えてくださった信心と異なることがあるのは、まことに悲しいことである。それによって、教えを学び受け継ぐ者たちに、疑いや惑《まど》いが起こりつつある。よき師に出遇《であ》うことがなければ、本願念仏《ほんがんねんぶつ》の教えには入ることができないであろう。自分の勝手な考えで、他力の教えを決して乱してはならない。そこで、亡き聖人からお聞きして忘れられないお話の要点を書き記しておこう。これは、ひとえに同じ志《こころざし》の求道者《ぐどうしゃ》が陥《おちい》りやすい不明な点を除くためである。

誤解こそ理解の入口

『歎異抄《たんにしょう》』は親鸞没後二十～三十年に書かれた信仰の書です。唯円《ゆいえん》という直弟子が、親鸞亡き後の信仰の混乱を歎《なげ》き、ひとりひとりが本当の信心に立ち返ってほしいという願いで記されています。

『歎異抄』は、前半（序～十条）と後半（十一条～後序）の二部で構成されています。前半は「師訓篇《しくんへん》」と呼ばれ、主に親鸞の語った言葉を集めています。後半は「歎異《たんに》篇」あるいは「異《い》義《ぎ》篇」と呼ばれ、唯円が信仰の混乱を分析し、本当の信仰のあり方を弁証していく部分です。今回とりあげる「序《じょ》」には「耳底《みみのそこ》に留《とど》まるところ、いささかこれをしるす」とあり、師である親鸞の言葉が、耳の底に刻まれ忘れようにも忘れられないという感動を表しています。その意味で、『歎異抄』は大乗仏典《だいじょうぶってん》と同じ形式をとっています。お経《きょう》はすべて「如是我聞《にょぜがもん》」か「我聞如是《がもんにょぜ》」で始まります。私はこのように教えを受け止め、これで生きていけるようになりましたという表白《ひょうはく》です。「如是我聞」が省略されているものもありますが、意味は同じです。お釈迦《しゃか》様がみずから筆を執《と》ったお経はありません。すべて、弟子たちの聞書《ききがき》です。つまり、師が「真実はここにあり」と力説するのではなく、弟子によって受け止められた師の教えの真実こそが「真の仏説」です。真実は一部の宗教的エリートによって独占されるものでなく、誰においても平等に受けとることができなければなりません。この仏弟子の歴史が仏法そのものの歴史なのです。

文中の「易行《いぎょう》の一門《いちもん》」とは、お念仏にすべてをおまかせする教えのことです。易行とは「難行《なんぎょう》」に対する言葉で、表面上の意味は「易《やさ》しい行」です。もし難しい修行をする人間だけが救われるのであれば、仏教は特殊なエリートだけが救われる不平等な教えとなります。山の中を駆けめぐるのが修行なら、お年寄りや体の弱いひとはできません。そこで、誰でもすることのできる平等な行という意味で、お念仏を「易行」と言います。

私も最初は、「易行」を「人間のする易しい修行」と思っていました。ところが、それは違うと『歎異抄』から教えられました。「易行とはいかなる努力も不要な行だ」と。少しの努力ではなく、まったく努力は不要なのです。そうなると、「さあこれからお念仏を称《とな》えましょう」と意識的に努力することも不要になり、八方塞《はっぽうふさ》がりになりました。お念仏は恐ろしい教えです。人間が少しでも努力して念仏を称えようとする、その作為《さくい》の息の根を断ち切るのです。断ち切って即座に大いなる愛に包み込みます。

人間が宗教に近づく多くの場合、誤解で近づきます。しかし、誤解を恐れることはありません。誤解があればこそ、誤解を解いてくれる教えに出《で》遇《あ》えます。むしろ誤解がなければ、理解への手がかりはなくなります。親鸞は関東の門弟たちの混乱ぶりをみて、「ひとびとの信心のまことならぬことのあらわれてそうろう。よきことにてそうろう」（『親鸞聖人御消息集《ごしょうそくしゅう》』）と述べています。皆さんが混乱しているのは信心が本当でないことの表れだから、むしろそのことがあぶり出されたのはよいことだと言っています。この「よきことにてそうろう」という受け止めこそ、『歎異抄』に流れている「歎異のこころ」ではないでしょうか。

味わい

序

『歎異抄』は「竊《ひそ》かに愚案《ぐあん》を回《めぐ》らして（竊回愚案）」と始まります。親鸞の主著である『教行信証《きょうぎょうしんしょう》』も「竊かに以《おも》みれば」と始まります。この「竊」という文字が、仏法が二千五百年という歴史を経て私にまで伝わったことの驚きと、この教えに出遇い難くして出遇えた無上の喜びを表現しています。仏典が「如是我聞」で始まるのと意味は同じです。

蓮如《れんにょ》（本願寺《ほんがんじ》八代目《はちだいめ》）が「仏法は、一人一人のしのぎなり」（『蓮如上《しょう》人《にん》御《ご》一代《いちだい》記《き》聞書《ききがき》』）と言うように、個人の内面深くに、静かにうなずかれてくるものです。これは『歎異抄』（後序《ごじょ》）で親鸞が「弥陀《みだ》の五劫思惟《ごこうしゆい》の願《がん》をよくよく案ずれば、ひとえに親鸞一人《いちにん》がためなりけり」と語るのと同じことです。

阿弥陀如来《あみだにょらい》の本願《ほんがん》は、あらゆる存在を救おうと誓われていますが、その誓いを受け取るのは私一人《いちにん》という絶対の孤独存在です。それは他者と関係の切れた「私一人」ではなく、あらゆる他者を代表した「私一人」です。さらに言えば、この世でもっとも救われる可能性のない私でさえ救われたのだから、この世で救われないひとは一人もいないと確信した「私一人」です。

この「一人」の誕生をこそ『歎異抄』は願っているのです。

第一条

信じるってなに？

原文

弥陀《みだ》の誓願不思議《せいがんふしぎ》にたすけられまいらせて、往生をばとぐるなりと信じて念仏もうさんとおもいたつこころのおこるとき、すなわち摂取不捨《せっしゅふしゃ》の利益《りやく》にあずけしめたまうなり。弥陀の本願には老《ろう》少善悪《しょうぜんあく》のひとをえらばれず。ただ信心を要《よう》とすとしるべし。そのゆえは、罪悪深重煩悩熾盛《じんじゅうぼんのうしじょう》の衆生《しゅじょう》をたすけんがための願《がん》にてまします。（後略）

現代語訳

人間の思慮《しりょ》を超えた阿弥陀の本願の大いなるはたらきにまるごと救われて、新しい生活を獲得できると自覚して、本願に従おうというこころが湧《わ》き起こるとき、迷い多きこの身のままに、阿弥陀の無限なる慈悲に包まれて、不動の精神的大地が与えられるのである。阿弥陀の本願は、人間のいかなる条件によっても分け隔《へだ》てや選びをしない。ただ、如来の本願に目覚めるこころひとつが肝心なのである。なぜなら、生活状況に振り回されて、欲から抜け出せずに悩み苦しんでいる私たちをこそ救おうとする願いだからである。(後略)

信じるってなに？

第一条は冒頭から難しい言葉が連続しています。「弥陀《みだ》の誓願不思議《せいがんふしぎ》」「往生《おうじょう》」「信《しん》」「念仏《ねんぶつ》」「摂取不捨《せっしゅふしゃ》」「利益《りやく》」。これを見ただけでも圧倒され、とりつく島もありません。仏教語は、たとえていえば星座のようなものです。ひとつひとつの星（単語の意味）を見ていても星座（関係の意味）は見つかりません。ですからあまり単語の意味にとらわれず、ボーッと眺め味わってみてください。そのうち関係の意味が必ず開かれてきます。

今回は「信」について考えてみましょう。私たちが「信」や「信心」という言葉を使う場面を考えてみると、「ひとを信じる」とか、「御利益《ごりやく》が与えられると信じる」と用います。辞書にも「信じる」の意味として「思い込むこと。固く信じて疑わないこと。是非そうしようと固く決心する」などの意味が出ています。しかし『歎異抄』の語る「信心」は、そういう意味とはまったく違います。一般的な意味の「信心」とは、「自分が信じる信心」です。『歎異抄』のいう「信心」は、「自分が信じられていると受け取ること」です。ですから「信じる」の主語が違います。「自分が何かを信じる」のではなく、阿弥陀如来に自分がまるごと信じられていると受け取ることです。私は主語ではなく、むしろ客体《きゃくたい》です。

冒頭の「弥陀の誓願不思議にたすけられまいらせて」には、苦しんでいる私をたすけようとする阿弥陀如来の愛が表れています。阿弥陀の愛（本願）は、誰であっても苦しみを感じる者を救って楽にしてあげたいと願っています。もし救えないのであれば、私は阿弥陀という名前を返上し、仏と成りませんと誓います。阿弥陀如来の本願は私たちを一方的に愛し続ける「永遠の片思い」なのです。

そういう愛があっても、私たちは生活をする中で苦しみを感じます。病苦、対人関係の苦、劣等感の苦、貧富《ひんぷ》の苦、美醜《びしゅう》の苦など。阿弥陀如来の愛は、すべてのひとの苦しみを救いたいと誓っているのに、苦しみがあるということは、阿弥陀如来の救済力が弱いということです。私は、そのとき阿弥陀如来が謝罪をされていると感じます。「私の救済力が弱いために、お前の苦しみを取り除いてやれないですまない」と。この阿弥陀如来の謝罪に対して、私は頭を下げざるを得ません。かたじけない、申し訳ないと阿弥陀如来に対して、むしろこちらが謝罪をします。それが「念仏もうさんとおもいたつこころのおこる」です。阿弥陀如来の謝罪に対して、こちらが謝罪することを南無阿弥陀仏《なむあみだぶつ》と言います。南無阿弥陀仏とは、阿弥陀仏に南無することですが、その南無とは謝罪に対する返礼です。

ですから、信とは阿弥陀如来の「永遠の片思い」に対し、謝罪し御礼を述べることです。人間は劣等感と優越感で苦しみます。強い劣等感は自分を責め苛《さいな》みます。人間は、都合によっては自分をも見捨てる生き物です。そうであっても阿弥陀如来は永遠に愛を投げかけ、私を一方的に愛し続けてくださいます。「あなたが自分を見捨てても、私は永遠にあなたを見捨てない」と。それが「罪悪深重煩悩熾盛の衆生《ざいあくじんじゅうぼんのうしじょうしゅじょう》をたすけんがため」という愛語《あいご》となって表現されます。生きることは少なからず悪を犯すことです。悪なしに生きることはできません。たとえ悪を犯したとしても、犯さざるを得なかったとしても、「私はあなたを見捨てない」と叫び続け、信じ続けているのが阿弥陀如来です。

第一条 味わい

一般的な神・仏は、苦しんでいる者が救われていようと、いまいと、もともと完璧な神・仏です。ところが阿弥陀如来だけは、この世にひとりでも苦しんでいる者がいれば、私は仏ではないと誓っている仏です。いわば「未完成な仏」です。その状態を「法蔵菩薩《ほうぞうぼさつ》」と呼びます。もしあなたが救われなければ、私は「仏」に成らないと誓うところから「誓願」と言われます。本当は「仏に成らない」ではなく「仏に成れない」のです。

法蔵菩薩が阿弥陀如来に成れないのですから、法蔵菩薩も必死です。全身全霊《ぜんしんぜんれい》を掛けてあなたを救おうと、あの手この手ではたらきかけてきます。

私が救われようが救われまいが、それは個人的なことだと思っているのは、法蔵菩薩のご苦労を見殺しにしているようなものです。あなたが救われなければ、法蔵菩薩は阿弥陀如来になることができないからです。私が救われること以外に、法蔵菩薩を阿弥陀如来にしてあげることはできません。

親鸞が「弥陀の誓願不思議にたすけられまいらせて…」と吐露《とろ》されるまでには、どれほど阿弥陀如来のご苦労を見殺しにしてきたことか。その自分自身の傲慢《ごうまん》さへの懺悔《さんげ》が、ここに初めて披瀝《ひれき》されたのです。

第二条 前編

往生ってなに?

原文

おのおの十余《じゅうよ》か国《こく》のさかいをこえて、身命《しんみょう》をかえりみずして、たずねきたらしめたまう御《おん》こころざし、ひとえに往生極楽のみちをといきかんがためなり。(中略)親鸞におきては、ただ念仏して、弥陀《みだ》にたすけられまいらすべしと、よきひとのおおせをかぶ(蒙)りて、信ずるほかに別の子細《しさい》なきなり。念仏は、まことに浄土《じょうど》にうまるるたねにてやはんべるらん、また、地獄《じごく》におつべき業《ごう》にてやはんべるらん。総《そう》じてもって存知せざるなり。

現代語訳

あなたがた一人一人が、はるばる長い道のりを、大切な身体《からだ》と生命《いのち》を危険にさらしてまで、訪ね求めてこられた志は、真実の生活が実現する道理を体得したいということにある。（中略）この私〈親鸞〉においては、ただ念仏によって実在を回復できるという如来の本願の道を法然上人《ほうねんしょうにん》からいただいて、それを信ずるのみである。念仏は、本当に浄土という世界へ往くための原因なのか、また地獄という世界へ堕《お》ちる行為なのか、私は一切知らない。

往生ってなに？

第二条には物語があります。親鸞は流罪《るざい》になった越後《えちご》（直江津《なおえつ》）から四十二歳のころ北関東（茨城）へ移住します。そこで二十年間、教えを伝える伝道生活《でんどうせいかつ》をし、六十歳を過ぎて生まれ故郷の京都へ戻り九十歳で亡くなります。

親鸞が京都へ帰った後、関東の教団は混乱に陥ります。そこで困り果てた直弟子たちが京都の親鸞を訪ね教えを請《こ》うている場面が第二条です。冒頭の「おのおの十余《じゅうよ》か国《こく》のさかいをこえて」からは、親鸞の応答の言葉です。弟子たちが抱えていた問いは、親鸞の応答から類推《るいすい》できます。親鸞は「念仏は、まことに浄土《じょうど》にうまるるたねにてやはんべるらん、また、地獄におつべき業《ごう》にてやはんべるらん。総《そう》じてもって存知せざるなり」と言います。念仏はほんとうに浄土へいくための手段なのか、地獄に堕ちる行為なのか私はまったく知りませんという意味です。この答えから類推すると、直弟子たちの問いは、「念仏で本当に浄土へいくことができますか」ということでした。親鸞は、たとえ騙《だま》されたとしても師・法然《ほうねん》の「ただ念仏すべし」という教えを信じるだけだと言います。これは関東で長い間、伝道生活をしているときも変わらなかったはずです。ところが弟子たちは混乱状況を前にして信仰が揺らいだのです。弟子たち自身も気づいていないのでしょうが、彼らの心底には、阿弥陀如来《あみだにょらい》に任せて念仏していて間違いなく極楽浄土へいけるのだろうかという疑念《ぎねん》が隠れています。さらに難《なん》行苦行《ぎょうくぎょう》の修行をするならまだしも、ただ口に南無阿弥陀仏《なむあみだぶつ》と念仏するだけで浄土にいけるなど虫がよすぎるのではないかと思っているのです。その問いが弟子たちを命懸けで京都まで訪ねさせた原動力です。

この問いに対して、親鸞の応答は呆気《あっけ》ないものでした。念仏して浄土にいくのか地獄にいくのか私は知らないというのですから、門弟たちはさぞ驚いたことでしょう。親鸞は弟子たちが何に躓《つまず》いているかを理解していました。それを一言でいえば「損得根性」です。弟子たちは楽極まりない浄土へいきたいのです。それは自分たちの欲望が叶えられ、安楽で安心な場所ならいきたいが、苦痛が多く、自分たちにとって不都合な地獄へいくのはごめんだと思っているのです。それで「都合のよい浄土へ念仏で本当にいけるのですか」と問うているのです。それを親鸞は見通して、念仏を人間の欲望を叶えるための手段にしてはならないと応答したのでしょう。

門弟たちが懐《いだ》いていた浄土往生とは苦しみ多い娑婆《しゃば》の生活を終え、この世を去る臨終のとき、阿弥陀如来や諸菩薩《しょぼさつ》がやってきて極楽浄土へ迎えてくださるといったものです。しかし親鸞は、その考えを断ち切るように「総じてもって存知せざるなり」と語ります。

つまり、来るべき浄土を待望《たいぼう》するのではなく、行き先をきめる権利を手放せと言っているのです。行き先は阿弥陀如来が決めることで自分ではない。おまかせした以上、そこが地獄だろうが浄土だろうが文句を言わない。たとえ地獄へ堕ちたとしても阿弥陀如来と一緒だから安心です。ここに地獄を恐れる必要のない宗教が誕生したのです。往生とは、どこへいくかという行き先の問題ではなく、〈いま〉阿弥陀如来に任せられるかどうかの問題なのです。

味わい

現代人は「死ねば死に切り」と思っていますから、「往生」という問題への関心はさほど切実ではないかもしれません。ただ中世の人々にとっては、とても切実な問題でした。それは中世の人々が、「この世は短くあの世はとても長い」と考えていたからです。「あの世」の生活が長く続くのですから、いき先が「浄土」か「地獄」かは大きな関心でした。

それで中世の人々は、「浄土」へいくために様々な善根功徳《ぜんこんくどく》を積《つ》むことにしました。多く積めば浄土へ、少なければ地獄へいくことになります。しかし親鸞は、それでは浄土へいくか地獄へいくかを人間が決めることにならないかと疑問をもちました。それは阿弥陀さんをたのんでいるのではなく、人間の善根功徳をたのんでいる姿だと批判します。

実は親鸞が問題にしたいのは、「あの世」のことではなく、〈いま〉のことなのです。それで親鸞は「安楽浄土へ往生してのちはまもりたまう、と申すことにては候わず、娑婆《しゃば》世界（に）いたるほど護念《ごねん》すと申す事なり」（『御消息集《ごしょうそくしゅう》』善性本《ぜんしょうぼん》）と述べ、阿弥陀さんが護ってくれるのは、浄土へ往生してからではなく、「娑婆世界（に）いたるほど」、つまり〈いま〉のことなのだと強調します。

死後どこへ生まれるかが決定するのは、臨終のときではなく、まさに〈いま〉です。そこが楽なところか苦しみの場所か、そういう問題関心から解放される生活をこそ「往生の生活」と言うのです。

第二条 後編

念仏ってなに?

原文

たとい、法然聖人《ほうねんしょうにん》にすかされまいらせて、念仏して地獄《じごく》におちたりとも、さらに後悔《こうかい》すべからずそうろう。そのゆえは、自余《じよ》の行《ぎょう》もはげみて、仏《ぶつ》になるべかりける身《み》が、念仏をもうして、地獄にもおちてそうらわばこそ、すかされたてまつりて、という後悔もそうらわめ。いずれの行もおよびがたき身なれば、とても地獄は一定《いちじょう》すみかぞかし。(後略)

現代語訳

もし仮に、法然上人《しょうにん》にだまされて念仏して地獄に堕ちたとしても、決して後悔はしない。というのは、念仏以外のさまざまな努力を積みかさねることによって、仏になることのできる身が、念仏という行為で地獄へ堕ちたのならば、「だまされた」という後悔もあるであろう。本来、どのような努力によっても、仏になることのできない身であるから、どうもがいても地獄は私の必然的な居場所なのである。（後略）

念仏ってなに？

　仏教で一般的に念仏といえば「観想念仏《かんそう》」のことです。こころの中に仏さまを思い浮かべ、思いを集中して観察する念仏です。それに対して法然が強調したのは口で阿弥陀仏の名前を称《とな》える「称名念仏《しょうみょう》」でした。法然は、誰もが救いの縁にあずかるためには、易しい行でなければならないと考え、称名念仏を選択しました。法然の教えは「廃立《はいりゅう》」といって、念仏を立てて、難行を廃します。難しい修行ができるひとはごく一部のエリートだから、それでは平等な救いにはならない。そこで難行を捨てて、誰もができる称名念仏をもっぱら称えなさいと指導しました。それがきっかけとなり専修《せんじゅ》念仏弾圧という事件が起きてしまいました。

「いずれの行もおよびがたき身なれば、とても地獄は一定《いちじょう》すみかぞかし」

という言葉は、念仏の真髄《しんずい》を表しています。どのような修行をしても、自分は救われない身ですから地獄を逃れることはできませんという意味です。なぜ「いずれの行もおよびがたき身」ということが言えるのでしょうか。もっと違った修行をすればなんとかなるかもしれないのに、どのような行でも救われないとは、ちょっと結論を急ぎすぎではないかと思いませんか。

ところが親鸞は、それは原理的に不可能だと気づいたのです。仏道の修行は、煩悩を断ち切ってさとりを開くことを目指します。煩悩を断ち切っていくこころは菩提心《ぼだいしん》と呼ばれ、聖《せい》なる志として称賛《しょうさん》されます。しかし親鸞はその菩提心こそ、煩悩の正体だと見抜いたのです。煩悩を断ち切って聖なるものを欲することは、まさに貪欲《とんよく》です。来るべき未来のあるときに、煩悩の汚れを払ってさとりを開いた自分を夢見るのです。それこそ自分が期待した通りのさとりの姿を思い描いて修行するのです。修行にはジレンマがあります。修行を継続している姿はとても素晴しいものです。汗《あせ》水《みず》を垂《た》らし、切磋琢磨《せっさたくま》している姿は人々に感動を与えます。ただし、それは来るべき目的が達成されていない修行中の輝きに過ぎません。目的が達成されたなら修行は成就《じょうじゅ》して満行《まんぎょう》となり、これ以上修行をする必要がなくなります。

親鸞は煩悩を断ち切る努力が煩悩から起こったものだと気づいてしまったとき、もはや修行を継続することができなくなりました。それで「いずれの行もおよびがたき身」と吐露《とろ》したのでしょう。どのような修行でも、それが煩悩から起こった修行であるならば、煩悩の外に抜け出ることはできません。

それは南無阿弥陀仏という言葉自身がもっている意味に関係します。そもそも南無阿弥陀仏はインドの古代語（サンスクリット語）のナマス＋ア＋ミタ＋ブッダからくる音写語です。ナマスとは、「屈する」「おまかせする」という意味で、アは「無」、ミタは「量」、ブッダは「仏」です。ですから南無阿弥陀仏を直訳すると「量《はか》れ無い仏におまかせする」という意味になります。何が量れ無いのかといえば、人間の思いでは「真実」を量ることができないという意味です。いままで煩悩を断ち切り、「真実」を知りうるはずだと努力してきたこころが、無量―量ることはできない―と否定されます。誰から否定されるのかと言えば阿弥陀さんです。阿弥陀さんの否定は愛から生まれた否定です。この否定を通して、初めてあるがままの自己に帰ることができたのです。

味わい

親鸞は念仏が「如来回向《にょらいえこう》」であり、如来から私たちへ回向される行だと言いますが、それは如来から差し向けられた力で私が念仏を称えることではありません。私たちには念仏をする能力などひとつもありません。念仏は人間が称えるものではなく、阿弥陀如来自身が称えられるものです。私たちはその声をお聞きするだけです。それで親鸞は念仏は「聞名《もんみょう》」であると解釈されます。称える仕事は阿弥陀如来の仕事であり、私たちはそれをお聞きするのみだと。

ところで念仏者・野田明薫《みょうくん》さん（一八八〇～一九三一）の法句に「ひと声も役に立たさぬ嬉しさに、称えてはみつ、みては称えつ」があるそうです。南無阿弥陀仏と口に出して称えたところで、何の役にも立たないのは、役に立たせない阿弥陀如来がはたらいてくださるからだ、そう感じられると嬉しくて、南無阿弥陀仏と口に出して味わい、味わっては口に出してみるのだとおっしゃいます。

もし念仏が何かの役に立ってしまえば、役に立ったことで有頂天《うちょうてん》になり、役に立たなければ絶望するという優越感と劣等感の世界へ堕ちてしまいます。そうならないために、阿弥陀如来は、称えても称えても、何の役にも立たせまいと、いつもはたらいてくださるのです。

口に出して南無阿弥陀仏と称えることすら、阿弥陀如来のご催促《さいそく》であり、ひとつも自分の努力ではないと教えてくださるのです。

第三条

なぜ悪人が救われるの？

原文

善人《ぜんにん》なおもて往生《おうじょう》をとぐ、いわんや悪人《あくにん》をや。しかるを、世のひとつねにいわく、悪人なお往生す、いかにいわんや善人をや。（中略）煩悩具足《ぼんのうぐそく》のわれらは、いずれの行《ぎょう》にても、生死《しょうじ》をはなるることあるべからざるをあわれみたまいて、願《がん》をおこしたまう本《ほん》意《い》、悪人成仏《じょうぶつ》のためなれば、他力をたのみたてまつる悪人、もっとも往生の正因《しょういん》なり。（後略）

現代語訳

善人でさえも、真実の自己になることができる。まして悪人はいうまでもないことである。ところが、世間では「悪人でさえ真実の自己になれるのなら、まして善人はいうまでもないことである」といわれている。（中略）自らの煩悩（欲望・不安・後悔等）に振り回されている私たちは、どれほど人間的な努力を尽くしてみても、そうした苦しみの生活から根本的に解放されることはありえない。このような私たちを深く悲しまれて、本願を起こしてくださったのである。その本願の御こころは、そのような悪人をこそ真に解放してくださるのである。だから、他力にすべてをおまかせする悪人の自覚こそ、真実の自己になる根本的要因なのである。（後略）

第三条

なぜ悪人が救われるの？

『歎異抄』と言えば「悪人正機《あくにんしょうき》」と言われるほどに第三条は有名です。善人よりも悪人が救われるという表現は聞いた者のこころにいつまでも残ります。なぜかと言えば、私たちは善人が阿弥陀如来の浄土に往生《おうじょう》するのは当然で、悪人は地獄にいくのが当然だと思っているからです。『歎異抄』は、この常識をひっくり返すかのように迫ってきます。

最初の「善人なおもて往生をとぐ、いわんや悪人をや」は親鸞の主張です。その後の「悪人なお往生す、いかにいわんや善人をや」は世のひとの発言です。気をつけてみなければいけないことがあります。それは親鸞と世のひとが考える「善人・悪人」は意味が違うのです。親鸞の言う「善人」は「自分の力で往生できると考えるひと」ですし、「悪人」は「他力をたのみたてまつるひと」です。一方、世のひとの考える「善人」は「道徳的な善人」、「悪人」は「品行《ひんこう》の悪いひと」です。「善人・悪人」と言葉は同じですが、それをどう見るかという意味世界が違います。世のひとは、品行の悪いひとが救われて、道徳的な善人が救われないのは納得できないと考えています。この世のひとの中にある価値観をあぶり出してくるのが第三条です。

『歎異抄』の解説書をみると、「悪人」を中世の抑圧されていた人々と読むものもあります。また殺生をして生きざるを得ない民衆、どうしても悪を犯さざるを得ない人間として読むものもあります。ただそのように定義してしまうと、逆に「悪人」と親鸞が語ったダイナミックさが抜けてしまいます。それではどんな定義があるのかと、いろいろと言い当てようと試みたのですが、どれだけ悪人を定義しても、定義した手の指の間から「悪人」は漏れていってしまいます。むしろ「悪人」の定義をすること自体が拒絶《きょぜつ》されているように感じます。

親鸞は「他力をたのみたてまつる」のが「悪人」だと述べます。つまり自己に「悪人」を定義できるような力があるのであれば他力をたのむ必然性がありません。自分で自分のことをよくわかっている人間を「善人」と言うのでしょう。親鸞は「わがみをたのみ、わがはからいのこころをもって、身《しん》・口《く》・意《い》のみだれごころをつくろい、めでとうしなして、浄土へ往生せんとおもうを、自力と申すなり」(『親鸞聖人血脈文集《けつみゃくもんじゅう》』)と言います。理性的で道徳的な人間は、自分の不品行な心を繕《つくろ》い善人であるかのように思い上がって浄土へ往生しようとする、その考えをこそ「自力」というのです。これが親鸞の見ていた「善人」の内面です。つまり、そこには阿弥陀さんが介在する余地がありません。自分でなんでもわかっていて、自分でなんでもすることができるのですから、阿弥陀さんをたのむ必然性がありません。つまり「他力をたのみたてまつる悪人」ではないのです。

自分の内面は「善人」そのものです。阿弥陀の愛などまったく不必要、自分でなんでもできると思っているのですから、まさに阿弥陀の愛に背いているのです。その阿弥陀の愛に背いている者を「善人」と批判し、その偽善の「善人」を「汝、悪人よ」と呼びかけてくださるのが阿弥陀の愛です。自分で自分を悪人と定義できる力を私はもちません。どこまでも阿弥陀の呼び声の中にしかないのです。

第三条 味わい

親鸞は「世のひと」が善人こそ救われるという主張に立っていることを知っています。そのことを知ったうえで、あえて「悪人こそが救われる」と説いていきます。これは親鸞が、いま目の前にしているひとに向かって、「あなたは善人なのか悪人なのか、どっちだ」と迫っているようにみえます。

仏教では「悪」を「十悪《じゅうあく》」と教えます。「殺生《せっしょう》・偸盗《ちゅうとう》（盗み）・邪婬《じゃいん》・妄語《もうご》・綺語《きご》・悪口《あっく》・両舌《りょうぜつ》・貪欲《とんよく》・瞋恚《しんに》・邪見《じゃけん》」です。食事は殺生ですし、喧嘩《けんか》（瞋恚）や嘘（妄語）や誇張《こちょう》（綺語）や自己弁護は日常茶飯事です。このように「悪」を精査していくと、とても自分は「善人」とは言えません。そこで教えを聞くまで自分は「善人」だと思っていたひとを悪人として自覚させます。

しかし、親鸞はその自覚にも揺さぶりをかけます。悪人とは、阿弥陀さんが私を呼んでくださる呼びかけなのに、自分が悪人だとわかるのは、善人の自己反省だと。自分が阿弥陀さんでもないのに、なぜ自分を悪人と呼べるのかと批判します。

どこまでいっても「偽善の善人」でしかないと教え、しかしその底に、「偽善の善人」をこそ「汝、悪人よ」と呼びかけてくださる阿弥陀さんの悲愛がはたらいてくださるのです。

「悪人が救われる」のではなく、救われた人間の自覚が「悪人」だったのです。

第四条

愛ってなに？

原文

慈悲《じひ》に聖道《しょうどう》・浄土《じょうど》のかわりめあり。聖道の慈悲というは、ものをあわれみ、かなしみ、はぐくむなり。しかれども、おもうがごとくたすけとぐること、きわめてありがたし。浄土の慈悲というは、念仏して、いそぎ仏《ぶつ》になりて、大慈大悲心《だいじだいひしん》をもって、おもうがごとく衆生《しゅじょう》を利益《りやく》するをいうべきなり。今生《こんじょう》に、いかに、いとおし不便《ふびん》とおもうとも、存知《ぞんじ》のごとくたすけがたければ、この慈悲始終なし。（後略）

現代語訳

愛には、人間の思いを中心とした愛と人間の思いを超えた愛の違いがある。人間の思いを中心とした愛というのは、いのちあるものに同感し同情し、いとおしみ育てることである。しかし、思いどおりに愛を実現し、相手を満たすことは大変難しい。人間の思いを超えた愛というのは、「ひとを愛するこころの限界を自覚して、いち早く如来の前にすべてを投げ出すことによって、人間の思いを超えた如来の愛が自由自在に、ひとを救うはたらきをする」というべきである。いまの人生において、どれほどいとおしく、またかわいそうだと思ってみても、人間の思いどおりにはたすけられないのだから、この愛は徹底しないのである。（後略）

愛ってなに？

第四条が始まる前提には大いなる悲しみがあります。それは「今生《こんじょう》に、いかに、いとおし不便《ふびん》とおもうとも、存知《ぞんじ》のごとくたすけがたければ、この慈悲始終なし」という言葉でわかります。具体的な状況はわかりませんが、ここには愛するものとの別離のあったことが窺《うかが》われます。この悲しみを基調音にして第四条は始まっています。

慈悲とは、現代の言葉で言えば愛でしょう。聖道《しょうどう》の慈悲はわかりやすいです。「ものをあわれみ、かなしみ、はぐくむ」のですから、これは人間が起こす愛情のことです。しかしその愛では思うようにたすけることができないと述べています。仕事の手助けくらいの身代わりはできますが、老・病・死で代表される実存的な苦しみの身代わりはできません。身代わりのできない悲しみの底から、『歎異抄』は「かわりめ」があると述べてきます。

「慈悲に聖道・浄土」があるというのは、二種類の慈悲があるのではなく、聖道の慈悲から浄土の慈悲へと深化していくところにかわりめがあると言っているのだと思います。聖道の慈悲の限界を知ることなしに、浄土の慈悲へと深化していくことはありません。

聖道の慈悲は、人間が愛するものに対して起こす愛です。人間は「家族」を形成する生き物です。家族は愛情でつながっていますが、その愛には限界があります。

死の原因は、この世に誕生したことです。ですから事故に遭わなくても、病気にならなくても、歳をとらなくても人間は死を免れることができません。ひとは最愛のひとと別れるとき、自らの愛の限界を知ります。しかしその限界の底に「かわりめ」があると親鸞は言います。それは、自分と他者の間の愛の関係から、自分と阿弥陀如来との関係が開かれるかわりめです。

これは私がお葬式で経験したことです。お父さんが亡くなられたとき、悲しんでいるお母さんに向かって娘さんが語った言葉です。「お母さんはお父さんがいなくなって淋しいから泣いているのよ、自分が淋しい淋しいと泣いているだけでお父さんのために泣いているんじゃない」。この言葉を聞いたとき私はドキッとしました。身内を亡くして泣くのは、亡くなった故人のためだと思っていたからです。ところが娘さんはそうではないというのです。子どもがオモチャを取り上げられて泣いているのと同じ。お母さんが愛するものを失って、自分が淋しいと泣いているだけ、つまり泣くのはお母さんのエゴイズムだと言うのです。この言葉を聞いたとき、人間はひとのために泣くことのできない絶望的な存在だと知りました。

この絶望の淵《ふち》の底から開かれてくるのが浄土の慈悲です。図式的になりますが、聖道の慈悲とは自己と他者の間の愛、浄土の慈悲は自己と阿弥陀如来との間の愛です。「浄土の慈悲」とは、悲しみのこころを否定して、悲しまない者になることではありません。人間から悲しみを抜き去ることは不可能です。ただ、その悲しみの思いそのものをまるごと阿弥陀如来にまかせなさいと迫ってくるものです。いままで身内を亡くして悲しんでいたものが、阿弥陀如来から悲しまれる存在に変わることです。人間の愛には限界があります。その限界に打ちのめされ立ち上がれなくなったものをのみ、阿弥陀は無条件の愛で包みこみます。阿弥陀の愛は全人類を視野に入れています。ただ、それに目覚めるのはたったひとりの我が身自身なのです。

第四条 味わい

日本では毎年、約百万のひとが亡くなっています。そこには、何百万人もの愛するひととの別れがあり、悲しみを抱えた家族があります。悲しみは、決して他人からは見えません。『仏説無量寿経《ぶっせつむりょうじゅきょう》』には「人、世間の愛欲の中にありて、独《ひと》り生じ独り死し独り去り独り来《きた》りて、行《ぎょう》に当《あた》り苦楽《くらく》の地に至り趣《おもむ》く。身《み》、自《みずか》らこれを当《う》くるに、有も代わる者なし」と説かれ、生まれるのも死んでいくのも、たった独りであると教えられます。

この世を生きているのは私だけです。私以外のひとはすべて私の世界の住人に過ぎません。この世は私だけの固有の世界だったのです。死んでいくのもひとり、生きているのもたったひとりです。

現代の世界観は、大きな世界にたくさんの人々が住んでいるという世界観です。これは常識とまでなっている世界観です。実は、これは一神《いっしん》教《きょう》の世界観です。この宇宙も世界もすべてたったひとりの神が造ったという世界観です。

仏教は、その世界観は「仮の世界観」だと考えます。もしたったひとつの世界の中の住人だと考えると、他者が死んでいくのは、その大きな世界から、たったひとりだけ別の世界へ旅立ったという淋しい観念になります。私たちが死者を悼《いた》むときの観念は、そういう観念になっていないでしょうか。ひとりのひとが亡くなるというのは、ひとつの固有の世界がなくなったのです。それを他者が、悲しいとか淋しいと意味づけて推し量ることはできません。

第五条

供養ってなに？

原文

親鸞は父母《ぶも》の孝養《きょうよう》のためとて、一返《いっぺん》にても念仏もうしたること、いまだそうらわず。（中略）わがちからにてはげむ善にてもそうらわばこそ、念仏を回向《えこう》して、父母をもたすけそうらわめ。ただ自力《じりき》をすてて、いそぎ浄土のさとりをひらきなば、六道四生《ろくどうししょう》のあいだ、いずれの業苦《ごうく》にしずめりとも、神通方便《じんずうほうべん》をもって、まず有縁《うえん》を度《ど》すべきなりと云々

現代語訳

私〈親鸞〉は、亡くなった父母への供養のために念仏したことは、いまだかつて一度もない。（中略）もし念仏が自分の努力で行える善行であるのならば、念仏を振り向けて父母をたすけることもできよう。しかし、自分の努力でなんでもでき、ひとを愛せると思っているこころに絶望して、すみやかに弥陀の本願の広大なる知恵をいただくならば、その知恵のはたらきによって、どのような苦悩多い境遇に埋没している存在であっても救われるのである。

供養ってなに?

冒頭の「親鸞は両親の供養のために一度も念仏をしたことがない」という文章に驚かされます。親鸞はお坊さんです。お坊さんが追善供養《ついぜんくよう》を行うのは当然でしょう。それなのになぜ一度も供養のために念仏したことがないというのでしょうか。

「孝養」とは、亡き両親に対する追善供養のことです。ここには親鸞の供養に対する考え方が表れています。供養とは、「死者の霊に供物を捧げ冥福《めいふく》を祈る」等の意味があります。つまり供養が成り立つ前提には、死んだものは供養しなければ浮かばれないものという観念があります。もっといえば、死んだものは無条件に迷い苦しむものだという偏見です。それで生者が供養して死者を浮かばせるという発想になるのです。

この発想には、この世を生きているものは幸せだが、死んであの世にいったものは不幸だという生者の偏見が潜んでいます。いまだに死んだことのない人間が、あの世は淋しく暗く冷たい世界に違いないと差別しているのです。親鸞は、その考え方に疑問を投げかけます。死者は生者が浮かばせてあげるような不幸な存在でしょうか、それとも阿弥陀如来の浄土へ往生して救われていく存在なのでしょうかと。

ただし供養の底を流れるものは人間の情愛でもあります。親鸞も幼少期に父母と別れ、両親を想うこころは人一倍強かったと想像します。ですから、亡き親を想って念仏を称えたことがあったに違いありません。親を想う情愛は感情ですから、人間の理性を超えています。いくら親への想いを否定しても湧いてくるものが感情です。ですから、「両親の供養のために、いまだかつて一返も念仏を称えたことはない」と述べていても、そのとおりに受けとることはできません。私は、死ぬまで親鸞は親を想っていたに違いないと思います。ただし、亡き親を想い冥福を祈ろうとしたそのとき、念仏を「わがちからにてはげむ善」にしているではないかという阿弥陀さんの叫びが聞こえたのでしょう。念仏は人間が努力してするものではなく、阿弥陀如来の叫びなのだと思い至ったのでしょう。それが「一返にても」という言葉に強く表れています。

どこまでも親鸞一人が救われていく、その方向性以外にすべての人々が救われていく道はないのです。宮沢賢治《みやざわけんじ》は「世界がぜんたい幸福にならないうちは個人の幸福はあり得ない」(「農民芸術概論綱要」)と言います。これは阿弥陀の本願を易しく表現したものでしょう。ただしそれを人間が実現しようとすると、逆に人類は不幸になってしまいます。コミュニズム(共産主義）はそれを実現しようとしましたが、結果的に世界を見渡してもそれがうまく実現している国をみたことがありません。人間が阿弥陀の本願を利用して幸福の実現を掲げると、個人の幸福は犠牲になります。世界にはまだ苦しんでいるひとがたくさんいるのに、個人が幸福になったと喜んでいいのかと批判を受けるからです。親鸞が「ただ自力をすてて」というのは、それは阿弥陀の本願が実現することであり、人間の企図《きと》にすり替えてはならないということです。誤解を恐れずに言えば「個人が幸福にならないうちは、世界全体の幸福はあり得ない」と言っていいのだと思います。その「個人」とは一切衆生と絶縁した個でなく、一切衆生を代表する個に違いないのです。

味わい

第五条

私はこの第五条が、どういう場面で語られたものかが気になります。これは推測ですが、親鸞に誰かが「父母の供養のためにお念仏を称えるべきでしょうか」と問うたのかもしれません。そのような問いに答えるかたちで、「親鸞は父母の孝養のためとて」と語りだされたのでしょう。注意したいところは、親鸞は決して「両親の供養のために念仏を称えてはいけない」とも「称えるべきだ」とも答えていないところです。ここには親鸞が考える「孝養」と、一般常識とまでなっている「供養」の違いが表れています。

一般常識の「供養」は生きている者が亡きひとを想う情の表れでしょ

う。親の法事にはお坊さんにお経を読んでもらい、家族で墓に手を合わせ、これで両親も安らかに眠ってくれるだろうと。

これに納得できなかったのが親鸞です。

親鸞には、それが〈ほんとう〉の法事なのかと問いかける声が聞こえてきたのです。常識にとっては迷惑な問いかけです。亡きひとは生きている人間が供養して安らかにしてやらねばならない劣った哀れな存在なのかと。むしろそれは生きている人間の傲慢ではないのかと。

天寿《てんじゅ》をまっとうして亡くなられた方も、怨《うら》みを飲んで亡くなられた方も、思わぬ事故で亡くなられた方も、すべて阿弥陀さんの浄土へ生まれたのだと受け止められない、おのれの哀れさを懺悔するのみです。

第六条

仏弟子ってなに?

原文

専修念仏《せんじゅねんぶつ》のともがらの、わが弟子ひとの弟子、という相論《そうろん》のそうろうらんこと、もってのほかの子細なり。親鸞は弟子一人《いちにん》ももたずそうろう。(中略)つくべき縁《えん》あればともない、はなるべき縁あれば、はなるることのあるをも、(中略)如来《にょらい》よりたまわりたる信心を、わがものがおに、とりかえさんともうすにや。かえすがえすもあるべからざることなり。(後略)

現代語訳

本願他力の念仏を信奉する人びとのなかで、自分の弟子だ、ひとの弟子だという争いがあるのは、もってのほかのことである。私〈親鸞〉は、弟子を一人ももたない。(中略)出会うべき縁があればともに歩み、別れるべき縁があれば、別れていくこともある。(中略)無限大悲に育てられ目覚めたこころを、個人的な所有物でもあるかのように、取り返そうとでもいうのであろうか。どう考えても、断じてあってはならないことである。(後略)

仏弟子ってなに？

この条は念仏者集団の中で弟子を取り合うことが契機となって生まれました。念仏者の集団も初期は少人数ですから、このような問題は起こりません。やがて集団が教団へと大きくなっていくときに、どの教団でも経験する普遍的な問題です。

弟子の取り合いの問題が起こったとき、親鸞は「弟子一人《いちにん》ももたずそうろう」と断言しました。これを聞いた弟子たちはどう思ったでしょう。いままで自分は親鸞の弟子だと思ってきたが、師は私を弟子とは認められなかったと喪失感を感じたかもしれません。親鸞は念仏にしろ信心にしろ、ひとが命令したり与えたりすることはできないものと考えています。それはあくまで縁によって恵まれるものであり、人間が左右することのできないものだと言います。それなのに、たまたまの仏縁で出会ったひとを我が弟子と思ったり、権威のある指導者を我が師匠と仰いでいい気になっているのはどうしたことかと歎いています。

人間は支配と依存の生き物です。権威ある指導者に依存していれば安心という依存心、あるいは自分が権威者になって人々を思うように支配したいという権力欲の二つの欲求をもっています。その根底には優越感と劣等感という煩悩が横たわっているのです。

親鸞は「「真仏弟子」と言うは、「真《しん》」の言《ごん》は偽《ぎ》に対し、仮《け》に対するなり。「弟子」とは釈迦《しゃか》・諸仏の弟子なり」（『教行信証』信巻）と述べています。親鸞の一生を貫《つらぬ》いた姿勢は、「法然聖人の弟子」です。つまり弟子という認識は確かにありましたが、師という認識はなかったのです。それでは師はいないのかといえば、そんなことはありません。師は確かにいます。ただ師は客観的に存在しません。師は、指導者を師として仰ぐ弟子のこころの中にのみ存在するのです。さらに仏弟子という認識をもった人間を師として仰ぐ仏弟子が再び誕生するのです。ですから仏弟子が仏弟子を生む無限連鎖《むげんれんさ》が仏教の歴史です。

依存心を帰依《きえ》と誤解してはいけません。誤解をすると、自分に超能力はないけど、グル（指導者）の言うことは間違いないと依存する仏弟子も生まれてしまいます。自分では判断をせずにグルの指示だけで生きていこうとするのが依存心です。いわゆる「指示待ち症候群」です。指導者の指示がなければ自分では何もできないこころの有り様は哀れです。

私は、師がなければ仏道に入ることは難しいと思います。人生の行方を決定する師との出遇いはかけがえのないものです。しかし、たとえそうであったとしても、師は阿弥陀さんと対話するための契機に過ぎません。師を縁として自分自身が阿弥陀如来と対話していくことが信仰です。むしろ阿弥陀さんは、師への依存心を暴き出し、弟子を支配したい欲望を白日《はくじつ》のもとに晒《さら》します。そうやって阿弥陀さんは人間を自立した信仰へと導くのです。ですから、師という言葉を使うのであれば、阿弥陀如来だけが真の師なのでしょう。末尾《まつび》に「如来よりたまわりたる信心」と述べられます。信心とは自己の内面に溜め込む決心ではありません。「たまわる」というと品物でももらうような感覚ですが、これは譬喩《ひゆ》です。いわばたまわり続けることです。ちょうど太陽（本願）と月（信心）のような関係です。月の光は太陽からの反射光です。月自身は発光しません。太陽がなければ直ちに月の輝きは失われてしまいます。

第六条 味わい

信仰はひとからひとへと伝わり集団を形成するのが自然なことでしょう。信仰には必ず共感が伴うからです。それは信仰の健康性なのですが、人間が集団を形成する生き物である以上、集団ならではの問題も必然します。それを思想家・吉本隆明《たかあき》さんは「共同幻想」と名づけました。いかに純粋な信仰共同体であっても、それは人間の観念が生み出した「幻想」の域を出ません。「幻想」とはイリュージョンというよりも「意味世界」と名づけたほうがいいように思います。

たとえば、スポーツ界とか芸能界という言葉がありますが、それは、それぞれの「意味の世界」であって、実体的にそういう世界があるわけではありません。ですから門徒集団や○○教団といっても、どこかに実体があるわけではありません。そういう「意味」を共有している人々の集団があるだけです。もっと極端に言えば、○○教団はどこにあるかといえば、建築物や施設ではなく、個々人のこころの中に「意味としてある」のです。

人間の自我は不安定なものですから、とかく自分は○○派・○○会・○○教団に属しているから安心だと依存してしまいます。共同幻想の中にどっぷり浸かっていれば安心だと思い込むのは、〈ほんとう〉の信仰ではないでしょう。

〈ほんとう〉の信仰とは、共同幻想を超えて、一人に立てることです。共同幻想の夢からさめてみれば、もともと人間は、一人なのですから。

第七条

無碍ってなに？

原文

念仏者は、無碍《むげ》の一道《いちどう》なり。そのいわれいかんとならば、信心の行者には、天神地祇《てんじんじぎ》も敬伏《きょうぶく》し、魔界外道《まかいげどう》も障碍《しょうげ》することなし。罪悪も業報《ごうほう》を感ずることあたわず、諸善《しょぜん》もおよぶことなきゆえに、無碍の一道なりと云々

現代語訳

念仏は、「無碍の一道」である。その理由《わけ》は、信心の生活者に対しては、天の神・地の神も敬ってひれ伏し、また、人間の生活を脅《おびや》かすものや、人間の理性を誘惑するものなどにも引きずられることはないからである。自分の犯してきた罪の結果も、自分を脅迫するものとして感ずることはない。また、人間のつくるどのような善も、如来の大悲のはたらきには及ぶものではない。だから、念仏は「無碍の一道」なのである。

無碍ってなに？

冒頭の「念仏者は、無碍《むげ》の一道《いちどう》なり」は念仏者の独立宣言《どくりつせんげん》のようです。念仏に生きるものは、自由な一本道を歩むようなものだというのですから、生きることへ勇気が与えられてきませんか。その後の「天神地祇《てんじんじぎ》・魔界外道《かいげどう》」とは、生きることを脅かす諸問題ということでしょう。こういう問題は、順風満帆《じゅんぷうまんぱん》のときにはさほど問題にはなりません。ところが人生の壁にぶつかったり、大きな災厄《さいやく》にみまわれたとき、そっと忍び寄ってくるものです。

ご門徒で「見てもらったら○○が祟《たた》っていると言われまして」とやってこられるひとがあります。お話を聞くと身内で不幸が続いたとか、難病を医師から告げられたとか不安をかかえておられました。人間は、因果論《いんがろん》から自由になれません。つまり、こういう結果（果）になったのは必ず理由（因）があるはずだという発想に捕らわれてしまいます。

その原因を「天神地祇・魔界外道」と決めつけるのでしょう。しかし、人生はわからないことだらけです。因果論で対処できる問題はごく限られた問題だけです。なぜ生まれたのか、なぜ人間なのか、なぜ日本人で、なぜ男で、なぜこの時代なのか、なぜこのひとが親なのか、なぜこの子が私の子なのか、なぜ生きるのか、なぜ死ぬのか。「なぜ」という問いは尽きることがありません。むしろわからないことのほうが圧倒的で、わかることのほうが希少です。それでも人間は原因が知りたいと因果論に捕らわれるものです。

ところがこの条は、「信心の行者には、天神地祇も敬伏《きょうぶく》し、魔界外道も障碍《しょうげ》することなし」と言います。いままでは人間が天神地祇や魔界外道を怖れ敬伏していたのですが、ここではそれが逆転しています。天神地祇や魔界外道が「信心の行者」を敬伏するのです。

なぜそういうことが起こるのでしょうか。それは、第二条にありました「地獄は一定《いちじょう》すみかぞかし」という認識があるからです。こういう認識のひとは、自分には幸福など分不相応《ぶんふそうおう》だから考えない、むしろ不幸の真っ只中をこそ生きようと腹をくくっているのです。地獄とは不幸そのもののことですが、そこが私のいるいつもの居場所だとなれば、それを脅かす甲斐もなくなります。ですから天神地祇や魔界外道が恐れ入って、逆に「信心の行者」に敬伏するのです。

ただし、誰にでも敬伏するのではありません。「信心の行者」です。そこで私は「信心の免疫力《めんえきりょく》を上げよう」と言っています。信心の免疫力が下がると、天神地祇や魔界外道というウイルスに脅かされます。とにかく信心の免疫力を上げることで撃退しましょう。

親鸞は和讃で「光雲無碍如虚空《こううんむげにょこくう》　一切《いっさい》の有碍《うげ》にさわりなし　光沢《こうたく》かぶらぬものぞなき　難思議《なんしぎ》を帰命《きみょう》せよ」（『讃阿弥陀仏偈和讃《さんあみだぶつげわさん》』）と謳《うた》います。ここに「一切の有碍にさわりなし」という言葉があります。「一切の有碍」ですから、あいかわらず思い通りにならず、碍《さわ》りばかりをつくっている自分の現実があります。その「有碍」の現実のところに「無碍の一道」が開かれてくるのです。もし「有碍」がなくなれば、「さわりなし」とはたらく本願が不要になってしまいます。ですから有碍が有り難いのです。有碍なればこそ無碍の本願がはたらいて自由にしてくださる。「無碍の一道」とは、阿弥陀の本願だけが開く、第三の道のことなのです。

第七条

味わい

第七条は冒頭から勇ましい「念仏者の独立宣言」のような雰囲気を醸していています。念仏者は、どのような障りも障害とせずに、まっすぐに歩むことができるとは、とても勇ましい感じです。

人生には「上り坂に下り坂、そしてまさかという坂がある」とよく言われます。「まさか」に出会っていないひとは幸せかもしれませんね。しかし、「まさか」に出会えないのは、逆に仏法に出遇う縁を失っているとも言えます。仏道に出遇えない不可能条件として「七難《しちなん》」があり、その中には「世智弁聡《せちべんそう》」があります。これは世間の知恵に長けていて賢いひとのことです。つまり「上り坂」ばかりの人生を歩んでいるひとのことです。このようなひとは、仏法に出遇うのが不可能です。

仏法に出遇う縁は「まさか」という苦渋《くじゅう》や驚嘆《きょうたん》にある場合が多いようです。ただひとは「まさか」に出会っても、苦悩の原因を自分以外のせいにし、あるいはおのれの努力不足のせいにしたり、いまに見ておれという報復戦に精を出したりと、なかなか仏法に出遇う縁ともなりません。

ここに出てくる「魔界外道」は外にいるものではなく、実は自分自身なのではないでしょうか。ひとのものを欲しいと妬《ねた》み、世間は悪いやつばかりだと見下し、自分の意に沿わない者はいないほうがいいと、こころの中で殺してみたり。それは自分の内面に充満している煩悩に怯《おび》えている姿なのでしょう。自分こそが「魔界外道」だったのだと見えたとき、「魔界外道」に脅かされない世界が開かれるのです。それを「無碍の一道」というのではないでしょうか。

第八条

「はからい」ってなに？

原文

念仏は行者のために、非行非善《ひぎょうひぜん》なり。わがはからいにて行ずるにあらざれば、非行という。わがはからいにてつくる善にもあらざれば、非善という。ひとえに他力にして、自力をはなれたるゆえに、行者のためには非行非善なりと云々

現代語訳

南無阿弥陀仏は、信心の生活者にとって、「行でもなく善でもない」。それは、自力の思いで称《とな》えるものではないから「行ではない」というのである。人間の意志でつくることのできる善でもないから、「善ではない」というのである。全面的に本願のはたらきであって、人間の思いを超えているから、信心の生活者にとって念仏は「行でもなく善でもない」のである。

「はからい」ってなに？

「非行非善」とは、念仏が修行でもないし善なる行為でもないという意味です。この表現が生まれるきっかけには門弟の問いがあったのでしょう。その問いは闇の中にあり文面に表れていません。その問いを想像すると、「念仏は人間がおこなう修行なのですか、また人間が積むことのできる善行なのですか」ということなのでしょう。その問いに対して親鸞は非行非善と答えています。

まず弟子たちが考える「念仏を称える」とは、私の自由意志で称えようと思って称えるという了解です。それに対して親鸞は「わがはからいにて行ずるにあらざれば」、「わがはからいにてつくる善にもあらざれば」と「わがはからい」を否定しています。これは自由意志の否定なのでしょうか。現代人は、さまざまな制約の中で生きていますが自由意志だけは、それこそ自由だと感じています。それがここで否定されているようです。自由意志でなければ何によって生きているのでしょうか。キリスト教徒であれば神の定めによってと答えるのでしょう。親鸞は、宿業《しゅくごう》、あるいは業縁《ごうえん》によって生きていると考えます。十三条では「卯毛羊毛《うもうようもう》のさきにいるちりばかりもつくるつみの、宿業にあらずということなしとしるべし」と述べています。こころの中でチラッと思ってしまうような小さな罪も宿業のもよおしだと考えます。つまり自由意志がはたらく背景には人間の思いを超えたはたらきがあるということでしょう。まず「はからい」を否定して、「はからい」の起こってくる背景を考えなさいと教えているようです。

宿業とは、生きること全体が大いなる受動性で成り立っていることを直感した言葉です。この受動性の促しを親鸞は「行」と受けとりました。ですから、行をおこなう主体は人間ではありません。あくまで受動性の促しで、それを擬人化して法蔵菩薩《ほうぞうぼさつ》、あるいは如来と表現します。ですから親鸞は念仏を人間のおこなう行ではなく如来回向の大行と言います。

宿業は運命論ではありません。運命論は人間の思いで作り上げたニヒリズムです。「どうせジタバタしても運命で決まっているのだから仕方がない」というのはニヒリズムの考えです。宿業とは違います。親鸞は「何をするのも自由だ」と考えるのも宿業の促しであると知っているのです。ただ私たちが自由を感じるのは希望や予定という思いの中だけです。たとえば結婚相手が決まらない間は、自由に恋愛を妄想できます。可能性は百パーセントですから自由でしょう。しかしそれが実際の結婚となったとき、その自由はゼロパーセントです。なんで彼女を選んだのと聞くと、男性は「はずみで」とか「たまたま」と答えるひとが多いです。それこそ現実は「思い」を超えた避けざる受動性で成り立っていることの証ではないでしょうか。

自由は思いの中だけでしか成り立ちません。自由は予定や希望の中にだけあります。それが現実となってみれば、そこには宿業という受動性が横たわっているのです。私たちの思いは、どこまでいっても「はからい」ですし、「自力」以外にありません。ただし、この「はからい」があるからこそ、「他力にして、自力をはなれたる」という阿弥陀如来の叫びが聞けるのです。「思い」は自力であり、「身の事実」は他力で成り立っているのです。

第八条 味わい

人間は「する（doing）」ことばかりに目を奪われ、「ある（being）」の尊さを忘れています。お母さんが幼少期のお子さんに掛ける言葉で一番多いのが「早く」だそうです。「早くご飯食べて」「早く学校へ行きなさい」「早く宿題やって」「早くお風呂に入って」「早く寝なさい」と。そのレールは、早く学校を出て、早く就職して、早く家庭をもって、早く老後を迎えて、早く死んでにつながっているようです。

門弟たちが念仏するのも「早く浄土へ往生したい」からでしょう。親鸞が「念仏は非行非善」というのは、そういう私たちのあり方の本質を問い返してきます。

そして「念仏は自分が称えるもの」という固定観念を破って「聞名《もんみょう》」を重視します。「称名《しょうみょう》」とだけ表現していたのでは、誤解を受けるので「聞名」の大切さを説きます。つまり、南無阿弥陀仏と声に出して念仏するのは、阿弥陀さんの名前を私が聞くためであると。称えることが主ではなく、聞くことに意味があるのです。

「聞く」というのもまだ、人間の傲慢が隠れています。〈ほんとう〉は「聞く」のではなく「聞こえてくる」と言わなければなりません。

その妙味《みょうみ》を親鸞は「聞というは、如来のちかいの御《み》なを信ずともうすなり」（『尊号真像銘文《そんごうしんぞうめいもん》』）と述べます。お念仏の声ばかりでなく、この世のあらゆる声は、すべて私一人を助けたいという如来のはたらきと受け止め直されるのが信心の世界でしょう。

第九条

信仰のマンネリズムとは？

原文

「念仏もうしそうらえども、踊躍歓喜《ゆやくかんぎ》のこころおろそかにそうろうこと、（中略）いかに（中略）」と、もうしいれてそうらいしかば、「親鸞もこの不審《ふしん》ありつるに、唯円房《ゆいえんぼう》おなじこころにてありけり。（中略）よろこぶべきことを、よろこばぬにて、いよいよ往生は一定《いちじょう》とおもいたまうべきなり。よろこぶべきこころをおさえて、よろこばせざるは、煩悩《ぼんのう》の所為《しょい》なり。しかるに仏かねてしろしめして、煩悩具足《ぐそく》の凡夫《ぼんぶ》とおおせられたることなれば、他力の悲願は、かくのごときのわれらがためなりけりとしられて、いよいよたのもしくおぼゆるなり。（後略）

現代語訳

「念仏を称《とな》えていましても、かつてのようにおどり上がるような喜びが感じられないのはどうしてなのでしょうか？（中略）」と親鸞聖人にお尋ねしましたら、「私〈親鸞〉も、このことが疑問でありました。唯円房、あなたも同じ疑問をもたれたのですね。（中略）教えの道筋からいえば、喜ばなければならないはずです。しかし喜びの感情が起こらないからこそ、よりいっそう弥陀の浄土への往生は間違いないといただくべきでしょう。なぜならば、喜ぶはずのこころを喜ばせないようにしているのは、煩悩がはたらくからです。如来は永劫《えいごう》の昔から私たちを見通されて「煩悩具足の凡夫よ」とおっしゃっているのですから、弥陀の他力の悲願は、このような私たちのためなのだと受け止められて、いよいよ頼もしく感じられるのです。（後略）

信仰のマンネリズムとは？

第九条は、「念仏もうしそうらえども」という唯円《ゆいえん》の告白から始まります。親鸞のもとで念仏の教えを学んでいた唯円は信心の喜びに打ち震えたことがありました。ところがやがて月日がたってくると、その喜びが枯れてきたのです。親鸞を前にして、おずおずと疑問を告白している唯円の緊張感が伝わってきます。

その弟子に対して親鸞は叱責《しっせき》することなく「親鸞もこの不審《ふしん》ありつるに、唯円房《ぼう》おなじこころにてありけり」と応答しています。この応答には唯円も驚いたことでしょう。弟子・唯円の疑問を師・親鸞も同じように感じていたとは、まさに驚嘆と安堵《あんど》を覚えたと思います。そこからの親鸞の応答は見事です。喜ぶことができないから往生は間違いなしで、喜ぶことを抑圧《よくあつ》しているのは煩悩であり、煩悩の者をこそ助けようと阿弥陀の本願がはたらいているのだから、いよいよたのもしく感じるのだと言います。

唯円の疑問は信仰のマンネリズムから起こる問題です。信仰は全身を挙げて取り組む課題ですから、課題が解明されたとき人間に大きな感動を生みます。それを「光明体験《こうみょうたいけん》」と言ったりします。いままで暗かった精神生活に強烈な光が差し込んでくるような体験です。しかし、それが体験であるかぎり風化《ふうか》し、やがてマンネリズムに落ちこみます。そして「こんなはずではない。自分には信仰のひらけがあったはずだ」と自分がひたった感動を再び体験したくなります。

親鸞も唯円と同じように、信仰のマンネリズムを体験したことでしょう。それが「唯円房おなじこころにてありけり」という表現になっています。ところが、そうは言うものの、ふたりのこころは微妙に違っています。唯円にとっては念仏を称えても躍り上がる感動が湧いてこないのが苦痛の種ですが、親鸞にとっては、それが「いよいよたのもしくおぼゆる」と安心感になっているのです。ですから親鸞にとっては「おなじこころ」と映っても、唯円にとっては同じではなかったということがわかります。

親鸞は体験を風化してくるもの、マンネリズムを引き起こす作用《さよう》こそ他力だとわかっているのです。他力は体験にしがみつき不動の精神状態を作りだそうとするこころを揺さぶり不安にさせるのです。親鸞にとっては念仏を称えて喜びが起こるか起こらないかは阿弥陀如来におまかせしているのです。たとえ不安になったとしても、それは阿弥陀さんが私を揺さぶり目覚めよと叫んでいるのだと受けとることができます。阿弥陀さんが揺さぶってくれるのですから、それは「たのもしい」という安心感に満ちています。

そして最後には「仏かねてしろしめして、煩悩具足《ぼんのうぐそく》の凡夫《ぼんぶ》とおおせられたること」という大切な言葉が置かれています。私たちはよく「煩悩具足の凡夫だから仕方がない」と、自己弁護や自己肯定で使います。この使い方は間違いです。親鸞は「煩悩具足の凡夫」とは、仏さんだけがご存じのことであり、私への呼び声なのだと受けとっています。ですから、私が自分自身を振り返って述べる言葉ではありません。私たちは自分自身が本当は何者なのかを知らないのです。その存在を仏さんは「煩悩具足の凡夫よ」と呼びかけてくださり、その者を救うために私は一切のものを愛し続けているのだと訴《うった》えているのです。

第九条

味わい

冒頭の唯円の問いは、信仰に関わるほとんどの人々にとって、避けては通れない問題です。どんな信仰でも、「初体験の感動」がなければ入信は起こりません。しかし、それが長続きしないのも必然の問題です。

この問いに対する親鸞の応答も見事で、長い仏教の歴史の中に燦然《さんぜん》と輝くものだと思えます。

親鸞は「よろこぶべきこころをおさえて、よろこばせざるは、煩悩の所為《しょい》なり」と答えます。親鸞以前の仏教は、お念仏を喜べないのは、修行不足や聞法不足、または能力が劣っているからだと考えてきました。唯円もそう思っていたのです。

ところが、煩悩が作用して、念仏を喜べなくさせているのだから、喜べないのも他力なのだと親鸞はみているのです。煩悩は自力で「起こせる」ものでなく、他力で「起こる」ものです。「起こす」のも「起こさない」のも自分の力でコントロールできるという思いがあるために、「起こる」のは自分のほうに問題があると考えてしまうのです。

その思いこそ「自力」と親鸞は言い当てました。いままで、仏教が「菩提心《ぼだいしん》」と言ってきたこころを「自力」と見抜いたのが親鸞の凄さです。そこで親鸞以前の仏教は死んだのです。そこから他力の仏教が初めて誕生したのです。弟子・唯円にそのことの〈ほんとう〉が腑《ふ》に堕ちたからこそ、第九条が歴史に残ったのです。

第十条

義ってなに?

原文

「念仏には無義をもって義とす。不可称不可説不可思議《ふかしょうふかせつふかしぎ》のゆえに」とおおせそうらいき。(後略)

現代語訳

「念仏は、人間を苦しめる偏《かたよ》った価値観による意味づけや考え方を破り、解放をもたらすところに如来の意図がある。それは、言葉も及ばず、説き尽くすこともできず、考えることをも超えているからである」とおおせになりました。（後略）

義ってなに？

親鸞は手紙で「義ということは、はからうことばなり。行者《ぎょうじゃ》のはからいは自力なれば、義というなり」と述べています。つまり、「義」とは行者のはからいであり、自力のことだと定義しています。そのはからいのないのが無義という意味になります。別のところでは「義なきを義とすということは、なお義のあるになるべし」と述べ、義（はからい）のないことを義（正しい）と主張することそのことが、また義（はからい）になってしまうのではないかと言っています。

これは『歎異抄』の表現に関わる根幹の問題です。唯円は、信仰の混乱にゆらぐ人々を歎きつつ批判していきます。十一条からは、唯円が筆をとって正しい信仰を弁証していく部分です。つまり異説《いせつ》を称える異義者《いぎしゃ》を批判するためには、唯円自身が正しい信仰的立場にいなければなりません。しかしそうなると、批判をしていく唯円自身が「正義」の立場に立ってしまいます。「自力のはからいを捨てなさい、正しい信仰に目覚めなさい」と主張すること自体が、『歎異抄』の批判する「善人」の立場になってしまうのです。

唯円は、言葉を立てて異義者を批判すること自身が、「義」に対してさらに「義」を立てていくことだと気づいてしまいました。もし唯円が、そのことの誤りに気づき異義者を批判しなければ、『歎異抄』は歴史上に存在しなかったはずです。しかし唯円は確かに『歎異抄』をこの世に文字として書き残しました。唯円はどこかでこの矛盾《むじゅん》を乗り越えたはずです。どこでこの矛盾を越えたのでしょうか。それはどれほど自分を正しい信仰の立場において異義者を批判したとしても、決してそれは善人の立場にはならないという気づきです。いくら人間がはからいのこころをもって信仰の正しさを述べたとしても、一向にそれは正義を表現したことにはならないという確信です。いままでの唯円は、「義」を立てることが阿弥陀如来を汚し信仰をねじ曲げることだと思っていたのです。ところがそれが大いなる思い上がりだと気づいたのです。いくら正義を述べ立てたとしても、それは如来の正しさを弁証したことにもならないし、貶《おとし》めたことにもならないと気づいたのです。そこから唯円は遠慮することなく「義」を表現していきます。自分の表現が如来の真実性を汚すものだという思い上がりが粉々にされてしまったからです。所詮、真実は「無義」（はからいを超えている）なのですから、人間がいくら言葉で表現したとしても、それは如来に指一本ふれたことにはなりません。

私は宗教表現はデッサンのようなものだと思います。デッサンは鉛筆や木炭でスケッチブックに静物《せいぶつ》を描いていく技法です。よくみると描くことのできる部分は影の部分だけです。影を濃く描くことだけが、光を光たらしめるのです。ですから光の部分は永遠に描くことはできません。光の部分を描いてしまうとメチャメチャなデッサンになってしまいます。光を輝かすためには影をより濃く描く以外にないのです。宗教表現も影を描くことです。ですから「真実」という言葉を使ったとしても、それは〈ほんとう〉の「真実」ではありません。影の真実です。「如来」という言葉を用いても、それは影の如来で、〈ほんとう〉の如来ではありません。ただ影を通して以外に、〈ほんとう〉の如来にふれることもできません。言葉によって迷い、言葉によって救われるのが人間の奥深いところです。

第十条

味わい

唯円が「義」を立てて異義者を批判できたのは、指一本、真実にはふれ得ないという確信です。それまでの唯円は、自分が異義者を批判することが、義を立てることになり、それこそが親鸞の「無義」という教えに反するのではないかと躊躇《ためら》っていたのです。

ところが、真実には指一本ふれることができないのだと確信したところから、身を翻《ひるがえ》して自由に異義批判が生まれたのです。どこまで表現しても、真実を汚すことにはならないからです。

信仰を言葉で完璧に表現できないので、禅宗《ぜんしゅう》では「不立文字《ふりゅうもんじ》」（文字を立てず）と言います。文字には必ず人間の理知分別《りちふんべつ》が混じっていますから、人々に誤解を与え、さとりから遠ざけてしまうと恐れたのです。言葉で表現することを恐れるのは、誤解により真実が汚されると思っているからです。

唯円は、指一本、真実にふれることができないと確信し、人間の表現には必ず誤解が混じると気づいたのです。異義者も唯円も誤解しかないのであれば、誤解を尽くすことで誤解を誤解と知らしめるしかありません。面白いことに「不立文字」という言葉を立てなければ、「不立文字」という意味も伝えることができないのです。

南無阿弥陀仏の南無とは、指一本、真実にふれ得ないという確信です。ふれ得ないということは絶望ではなく、無上の喜びです。ふれ得ないと徹底して教えてくるものこそが、真実の生きたはたらきだからです。

第十一条 二つに分ける罪

原文

一文不通《いちもんふつう》のともがらの念仏もうすにおうて《（会）》、「なんじは誓願不《せいがんふ》思議《しぎ》を信じて念仏もうすか、また名号《みょうごう》不思議を信ずるか」と、いいおどろかして、ふたつの不思議の子細をも分明《ふんみょう》にいいひらかずして、ひとのこころをまどわすこと、この条、かえすがえすもこころをとどめて、おもいわくべきことなり。（中略）つぎにみずからのはからいをさしはさみて、善悪のふたつにつきて、往生のたすけ・さわり、二様《ふたよう》におもうは、誓願の不思議をばたのまずして、わがこころに往生の業をはげみて、もうすところの念仏をも自行《じぎょう》になすなり。（後略）

現代語訳

学問・知識に依《よ》らないで、ひたすら念仏を称えているひとたちに対して、「お前は、人間の思慮を超えた阿弥陀の本願を信じて念仏をしているのか？　それとも、阿弥陀の名号（南無阿弥陀仏）の不思議なはたらきを信じて念仏しているのか？」と、相手をびっくりさせるような議論を吹っかけて、ふたつの不思議の本当の意味をはっきりと説くこともしないで、人びとのこころを惑わせるようなことは、くれぐれも熟慮《じゅくりょ》し、注意して慎《つつし》まねばならない。（中略）次に、自分自身の思慮・分別をさしはさんで、善悪の行為について、これは往生のためのたすけとなる善い行為、これは往生のために妨げとなる悪い行為と、ふたつに分けて考えるのは、思慮を超えた本願のはたらきにすべてをまかせないで、自分のこころで往生のための善行をはげみ、南無阿弥陀仏を称えることも自己満足のための行為にしてしまうことである。（後略）

二つに分ける罪

『歎異抄』の序〜第十条までは、唯円（直弟子）が親鸞（師）の言葉を聞き留めたもので、「師訓篇《しくんへん》」と呼ばれ、それに対して第十一条〜後序までは、唯円が聞き留めた教えをもとに異説を批判していく部分で、「歎異《たんに》篇」「異義《いぎ》篇」とも呼ばれてきました。

第十一条の冒頭で唯円は、素直に念仏している「一文不通《いちもんふつう》のともがら」に向かって、「お前は誓願《せいがん》を不思議と信じて念仏を称えるのか、それとも名号《みょうごう》（念仏）を不思議と信じて念仏するのか」と疑問を投げかけ不安をあおる異義者を批判しています。そもそも、我々を助けてくださる阿弥陀如来の救済力を「誓願（本願《ほんがん》）」と言い、その法則を記したものが南無阿弥陀仏（名号）です。たとえるならば、風邪薬の「調剤法《ちょうざいほう》と効能」の違いのようなものです。調剤法が書かれなければ、風邪薬は効能を発揮できません。それを患《わずら》っている私が飲むことで症状は改善されます。それが効能（誓願のはたらき）です。そのためには二つとも欠くことができません。二者択一《にしゃたくいつ》の問題ではありません。異義者は、「誓願」や「名号」という専門用語を知ってはいても、二つの言葉の関係がわかっていません。そこに自分は専門用語を「知っている」という奢《おご》りすら感じます。唯円は「誓願と名号」を別物のように考える態度を「二様《ふたよう》におもう」という言葉で批判していきます。

これをすれば往生の助けになる、これをすれば往生の妨げになると、自らの行為を二つに分け、助けになる行為をして妨げとなる行為はやめようと考えます。これは社会生活をするうえでは大切な知のはたらきですが、自己自身の救済に関しては無効です。まず、自分のした行為が往生の助けになるか妨げになるか、その判断を誰が下すのでしょう。その判断を凡夫の私がするのであれば、阿弥陀如来におまかせなどしてはいません。そもそも、その判断を阿弥陀如来におまかせすることを念仏というのに、それでは阿弥陀さんが不要になってしまいます。そのことを知らないで、念仏を称えることも自分の手柄にして浄土へ往生しようとするのです。必然的に「信ずる」ことも、自分の知力で信じようとしてしまいます。

私は『歎異抄』の語る「信」を、能動詞《のうどうし》ではなく受動詞《じゅどうし》と呼んでいます。能動詞・受動詞は私の造語です。能動詞の「信」は、信ずる主体が自分です。自分が信ずるか信じないかを決める立場です。ところが自分が決めようとすると決まらないのです。「信じたい、信じよう」とこころがけている間は、信じようとする作為が残ってしまいます。ちょうど自転車のペダルを一生懸命こいでいるようなものです。こいでいる間はよいのです。信じたような気分にもなります。ところが、こぐのをやめたとき元の木阿弥《もくあみ》で倒れてしまいます。一方、受動詞の「信」は、如来に信じられていることを受け入れることです。正確には、受け入れることすら不要になった世界です。そこでは自分は信ずる主体ではなく客体になります。つまりこちらから信ずる必要がなくなります。息の根がとまるまで、阿弥陀如来に信じられ、愛され続け、揺さぶられ続けるのです。阿弥陀如来に信じられると、万が一、自分を見捨てようと悲観するこころが起こっても大丈夫です。なぜなら見捨てようとする自我《じが》（我執《がしゅう》）の毒を阿弥陀さんが殺してくださるからです。

第十一条
味わい

ある法座《ほうざ》で、聴衆《ちょうしゅう》に向かって「皆さんには信心がありますか」と尋ねたところ、「はい、あります」と答えたひとはいませんでした。皆さん、「自分には信心があるだろうか」とか「自分にはまだ信心はないな」と考えておられるようでした。

しかし、面白いことに「あるかないか」という判断ができるのは、「信心」がどういうものかを薄々勘《うすうすかん》づいているということです。もっといえば、自分なりに「信心とは○○である」という固定観念をもっているということです。

これは不思議なことに、「信心」という言葉に反応する性質が人間に具《そな》わっていることを証明しています。それを『涅槃経《ねはんぎょう》』では「仏性《ぶっしょう》」などと表現しています。

私もはじめは「信心」を「能動詞」として受け取っていました。「自分が信ずるもの」というイメージです。ですから自分に「信心」がないのは、自分自身に問題があるのだと恥ずかしく思っていました。ところが聞いていくうちに、「信心」とは、阿弥陀さんが「信ぜよ」「まかせよ」と私に向かって発する命令だとわかりました。

自分は自己中心の自我愛しかないので、阿弥陀さんの本願を信ずるこころなど、まったく起こらないのです。そのことを阿弥陀さんは大昔から知っていてくださり、「私にすべてをまかせなさい」（＝信ぜよ）と叫びつづけているのです。永遠におまかせできない者のみに、永遠におまかせしなさいという命令が投げかけられてくるのです。

第十二条

知と信の関係

原文

経釈《きょうしゃく》をよみ学《がく》せざるともがら、往生不定《おうじょうふじょう》のよしのこと。この条、すこぶる不足言《ふそくごん》の義といいつべし。他力《たりき》真実のむねをあかせるもろもろの聖教《しょうぎょう》は、本願を信じ、念仏をもうさば仏《ぶつ》になる。そのほか、なにの学問かは往生の要なるべきや。まことに、このことわりにまよえらんひとは、いかにもいかにも学問して、本願のむねをしるべきなり。経釈をよみ学すといえども、聖教の本意をこころえざる条、もっとも不便《ふびん》のことなり。(後略)

現代語訳

念仏だけ称えていても、経典《きょうてん》や注釈書を学ばない者は、阿弥陀の浄土へ往《い》けるかどうかわからないということについて。これは、まったく論ずるに値しない誤った主張である。他力真実を説き明かしているさまざまな聖教のこころは、「本願を信じ、念仏を称えれば仏になる」ということひとつである。そのほかには、どのような学問が往生にとっての必要条件になるであろうか。本当に、この教えの道筋に迷ってしまうようなひとは、徹底的に学問して、本願のこころを知るべきである。経典や注釈書を読んで、学問をしていても、聖教の本当のこころが頷《うなず》けないのは、なんとも哀れむべきことである。（後略）

知と信の関係

第十二条の異義者は、お経の勉強をしない者は阿弥陀如来の浄土へ往生できるかどうかわからないと主張します。傲慢にも自分はちゃんと勉強をしているという自負すらもっているインテリです。このひとは勉強しなければ救われないと、あたかも学問が救いの条件であるかのように錯覚しています。学問は救いの条件ではありませんが、妨げになるものでもありません。

唯円は、「南無阿弥陀仏」という言葉だけで救いの構造は十分に表現し尽くされているのだから、そのことをちゃんとわかったうえで勉強して本願の道理《どうり》をひとにも伝えなさいと語ります。教えの基礎がわかれば、それを応用するための学問は人助けにもなります。

そもそも人間が他の動物と違うところは知性をもっている点です。生まれながらにして人間は知的生命体なのです。誰しも知性をもって日暮らしをしていますから、一歩たりとも知的生活から逃れることはできません。ただ、「救い（信）」と「学問（知）」は同じ知のはたらきであっても質が異なります。

それをよく表しているのが妙好人《みょうこうにん》の存在です。妙好人とは一般民衆の中に生まれた一流の念仏者のことで、禅者《ぜんしゃ》・鈴木大拙《すずきだいせつ》（一八七〇〜一九六六）が「禅者も及ばぬと思われるほどの洒洒落落《しゃしゃらくらく》さをも見る」（法蔵館『妙好人』）と評するほどの信心者です。有名な妙好人の「因幡《いなば》の源左《げんざ》」（一八四二〜一九三〇）は、十九歳のとき父を亡くしました。お父さんは亡くなる前に「おらが死んだら親様《おやさま》（阿弥陀様）をたのめ」と遺言しました。それから源左は親様とは何か、死ぬとはどういうことかと畑仕事も手につかないほどに悩み抜き聞法しました。とうとう農作業をしているとき刈った草束《くさたばね》を牛に背負わせ、フッと楽になったときにそれをわからせてもらったと言います。それは自分の罪業《ざいごう》を阿弥陀さんにあずけて楽になったのではありません。阿弥陀さんを知り得ると思っていた傲慢《ごうまん》の罪を阿弥陀さんにおまかせしたのです。思いを超えた阿弥陀さんを自分の知性で知り得ると、もがいていた罰から解放されたのです。源左は仕事が手につかないほどに求めました。それは全身をあげた知的な求道《きゅうどう》です。そもそも人間の努力で求道することはできません。仕事が手につかないほどに求めずにおれなくさせるのも阿弥陀如来のお育てのはたらきです。確かに知的求道は救いに通じます。しかし、それは体得して身につける知恵であって、対象を分析して知る知性とは異なります。同じ知のはたらきでも違いがあります。

それで親鸞も「煩悩具足《ぼんのうぐそく》と信知《しんち》して」（『高僧和讃《こうそうわさん》』）と「信知」という言葉で微妙なニュアンスを表現します。この「信知」は「信ずるという内容をもった知」という意味でしょう。また『教行信証』では聞思《もんし》ということを述べます。「信にまた二種《にしゅ》あり。一つには聞《もん》より生ず、二つには思《し》より生ず」（信巻）。信心は「聞」という受動的な学びと、「思」という能動的な思惟から生まれるという意味でしょう。ところが人間は愚かな生き物です。自我関心で、自分を守るためになんでも武器に変えてしまいます。異義者は「知」を身につけ、それを武器にして他人を批判し論争をします。ですから、人間にとって「知」とはそもそもどういうものなのかをよくよく熟知しておく必要があります。知は両刃《もろは》の剣《つるぎ》です。使い方によってはひとを傷つける武器にもなりますし、ひとを救う愛語をも生むのです。

第十二条
味わい

親鸞は「信心の智慧」という言葉を使います。「智慧の念仏うることは　法蔵願力《ほうぞうがんりき》のなせるなり　信心の智慧なかりせば　いかでか涅槃をさとらまし」（『正像末和讃《しょうぞうまつわさん》』）。念仏も信心も「智慧」なのだと暗示しています。これはインテリジェンス（知能や理性）とは異なったはたらきです。

有名な妙好人に讃岐《さぬき》の庄松《しょうま》がいます。彼が同行さんと一緒に寺へ聴聞にいったときのエピソードが「智慧」をよくあらわしています。

同行さんから、お坊さんの説教を解説してほしいと頼まれたとき、彼は「己《お》らはそんなこと知らぬ、何のあるだけは、今夜食いたいと思うてオヂヤをたいてあるが、猫が食はにゃよいが、説教が早うすめばよいがと思うているだけじゃ」と答えました（永田文昌堂『庄松ありのままの記』）。

庄松は農家の出で、学問とは無縁のひとでしたが、「信心の智慧」のあるひとでした。ところが、説教を聞きながらお坊さんの説教が早く終わればよいのに、猫にご飯が食べられるのではとハラハラしていると正直に、自分の本心を吐露しています。

たったいま自分のこころに起こってきた不安や感情を赤裸々に表現できるのが、「信心の智慧」です。およそ信仰とはかけ離れたお粗末《そまつ》なころですが、それを阿弥陀如来が見せてくださっていると受け取っているのです。赤裸々なありのままの姿を「教え」として受け取らせるものこそ「信心の智慧」なのです。

第十三条 前編

宿業と運命論の違い

原文

弥陀《みだ》の本願不思議におわしませばとて、悪をおそれざるは、また、本願ぼこりとて、往生かなうべからずということ。この条、本願をうたがう、善悪の宿業《しゅくごう》をこころえざるなり。よきこころのおこるも、宿善《しゅくぜん》のもよおすゆえなり。悪事《あしきこと》のおもわれせらるるも、悪業《あくごう》のはからうゆえなり。故聖人のおおせには、「卯毛羊毛《うもうようもう》のさきにいるちりばかりもつくるつみの、宿業にあらずということなしとしるべし」とそうらいき。

人間の思慮を超えた阿弥陀の本願が「悪人を救う教え」であるからといって、悪を犯すことを恐れないのは「本願ぼこり」であり、「阿弥陀の浄土へ往生することができない」ということについて。この主張は、阿弥陀の本願への疑いであり、善悪の行為が人間の思いを超えた無数の条件や契機に促《うなが》されていることを理解していないのである。

善い行いをしようという思いも、善を促す無数の背景や条件から起こってくるものであり、悪い行いがこころに浮かぶのも、思いを超えた無数の背景や条件がそうさせるのである。いまは亡き親鸞聖人は、「兎《うさぎ》や羊《ひつじ》の毛の先にある塵《ちり》のような小さい罪（チラッとこころをかすめるような悪意）を犯すのも、すべて思いを超えた無限の因縁が背景にあると感知すべきである」とおおせられた。

宿業と運命論の違い

第十三条は「宿業《しゅくごう》」という言葉が出てくることで有名です。宿業という文字を見ただけで、「親鸞は他の著述で宿業という言葉を用いていない。だからこれは唯円の捏造《ねつぞう》ではないか」と批判するひともいます。その批判は「宿業」を運命論と誤解しての反応ではないでしょうか。果たして「宿業」は運命論なのでしょうか。唯円は、私たちに善いこころが起こるのも悪いこころが起こるのも宿業の作用だと語ります。さらに親鸞は「卯毛羊毛のさきにいるちりばかりも」と言いますから、身体的な行いばかりでなく、普段は意識されることのない小さな罪の思いまでも宿業の作用として受け止めます。

私は法事《ほうじ》で読経《どきょう》が済んだ後、参詣者《さんけいしゃ》のほうに向き直り、「読経の間、皆さんは何を考えていましたか」と問いかけます。すると皆さん戸惑われたような顔をします。それは両親の法事であれば、生前のご両親に思いを巡らすひともいるでしょう。しかし人間は尊い思いだけでなく、どうでもよいことも考える生き物です。法事の後の食事のことや今朝の取り止めもない口喧嘩を思い出してみたりと、思いは自分のコントロールを超えてはたらきます。そういう自分の思いを超えてはたらく作用をも含めて「宿業のもよおすゆえ」と唯円は語っているようです。無意識的な行為ばかりでなく、ほんのわずかな思いすら自分の意志を超えた宿業だというのです。さらに私たちが生業《なりわい》としている現在のいのちのあり方を業縁と語ります。本文には「うみかわに、あみをひき、つりをして、世をわたるものも、野やまに、ししをかり、とりをとりて、いのちをつぐともがらも、あきないをもし、田畠をつくりてすぐるひとも、ただおなじことなり」と。「さるべき業縁のもよおせば、いかなるふるまいもすべし」とあります。ひとがこの世を生きるには生業がともないます。「あなたは、なぜいまその職業に就いているのですか」と問われれば、それは縁としかいえません。これは生業に限定してのことですが、自分が生きている、このいのちの背景を考えますと、存在そのものが「宿業のもよおすゆえ」なのだと受け止められます。自分には二人の両親があり、その両親にも二人の両親があります。そうして十代を遡《さかのぼ》れば千二十四人が背景にいます。それをさらに遡ればどれだけのいのちを背景としていることでしょう。その無量無数の祖先の末《まっ》端《たん》に自分がぶら下がっているのです。こういう〈いま〉を成り立たせている背景を宿業というのではないでしょうか。そう思うと、飛躍した考え方かもしれませんが、次の瞬間何を思い、何を行うかすら自分には知らされていないのが〈生きる〉ことの真実だとわかります。

宿業は運命論ではありません。運命論は人間のニヒリズムが生みだした絶望的な考え方です。すべてのことは運命で決まっているのだからジタバタしても無理という考え方は虚無《きょむ》主義です。一方、宿業は自分が〈いま〉ここにあることの不思議さに驚愕《きょうがく》することです。そのときだけ偶然にたまわった宿業という境遇を、必然と受け止め直すきっかけが訪れます。それは一度受け止めたらお終《しま》いというものではありません。日々の暮らしは偶然の連続です。病や事故や災厄は、必ず偶然の出来事として迫ってきます。その都度、なんでこんな目に遭うのかと歎かざるを得ません。実はその歎きをくぐって、逆に阿弥陀如来から歎かれている自分であることが知らされます。阿弥陀如来の歎きを媒介《ばいかい》にしない限り、偶然が必然へと転換する契機は訪れません。

第十三条　前編

味わい

人間は固定観念と先入観の生き物ですから「宿業」という言葉を聞いただけで、毛嫌いするひともいます。早合点《はやがてん》をして「宿業」という言葉の真意をわかってしまったかのようです。本文でも書きましたが、「宿業」を運命論として受け止めれば重苦しい業の鎖《くさり》でがんじがらめにされたイメージをもってしまいます。しかし、ここでいわれる「宿業」とは、「いま、ここに、私としてあること」をちゃんと受け止めましたという安心感の表現なのです。

自分が自分にまで成ってきたいのちの連鎖をイメージしてみれば、いま、ここに、自分としてあることは、まさに不可思議としか言えません。これを不可思議と感じられないのは、「自分があること」を当たり前のこととして感じているからです。そしてこの「当たり前」の感覚こそが、生きることを苦しく灰色に染めてしまうのです。

うちには猫が住んでいますが、なぜ猫としてここに存在しているのか、なぜゴキブリとして存在しているのか、なぜ鳩《はと》として存在しているのか。その理由を人間が見いだすことはできません。いのちは必ず前の世代から受け伝えられてくるものですから、起源を知ることは不可能です。

この世に存在しているいのちのあり方は動物だけでなく植物も含めて、不可思議なのです。

「当たり前」という感覚が翻《ひるがえ》され、この不可思議感に圧倒されたとき、いま、ここに、自分としてあることの豊かさと安定感がやってきます。

第十三条 後編

「本願ぼこり」ってなに？

原文

（前略）われらが、こころのよきをばよしとおもい、あしきことをばあしとおもいて、願の不思議にてたすけたまうということをしらざる（中略）願にほこりてつくらんつみも、宿業のもよおすゆえなり。（中略）本願にほこるこころのあらんにつけてこそ、他力をたのむ信心も決定《けつじょう》しぬべきことにてそうらえ。おおよそ、悪《あく》業煩悩《ごうぼんのう》を断じつくしてのち、本願を信ぜんのみぞ、願にほこるおもいもなくてよかるべきに、煩悩を断じなば、すなわち仏になり、仏のためには、五劫思惟《ごこうしゆい》の願、その詮《せん》なくやましまさん。

（後略）

現代語訳

（前略）私たちのこころが善ければたすかるような存在だと思い、悪ければたすからないような存在だと思って、自分の善悪の基準に固執《こしつ》し、広大な本願によって善悪を超えてたすけられることを知らない（中略）たとえ、本願に甘えて犯した罪であっても、それは人間には知り得ないほど深い必然性の作用なのである。（中略）阿弥陀の本願に甘えるこころがあってこそ、絶対他力にすべてをおまかせする信心も定まってくるのである。そもそも、悪業や煩悩を完全に断ち切ってから、本願を信ずるということであれば、本願に甘えることもなくてよいのであろう。しかし、煩悩を断ち切ったならば、それは仏になったということであり、仏のためには、どのようにしても衆生を救いたいという無上の本願も無意味だということになるであろう。（後略）

「本願ぼこり」ってなに？

第十三条は唯円の批判から始まります。「阿弥陀の本願《ほんがん》があるからといって悪事を恐れないのは、本願に甘え悪行《あくぎょう》をしても大丈夫と考えるひとであり、そのひとは往生できない」と主張するのは間違いだと唯円は批判します。「本願ぼこり」とは、阿弥陀如来は悪人を目当てに救ってくださるのだから、悪事をしてもよい、むしろ悪事をするほうが阿弥陀如来は好まれるという考え、またそういう考えをする人々のことです。

この問題は親鸞が流罪《るざい》になる前、すでに京都で起こっていた問題です。親鸞は手紙で「くすりあり毒をこのめ、とそうろうらんことは、あるべくもそうらわず」と述べ、何度も本願ぼこりを批判しています。阿弥陀如来の慈悲（薬）があるのだから、あえて煩悩（毒）の所行をさらけ出してよいなどとはとんでもないことだと批判します。唯円もこのひとたちを「邪《じゃ》見《けん》におちたるひと」と批判しますが、親鸞と唯円の態度はちょっと違います。親鸞は「本願ぼこり」はいけないと批判するのですが、唯円は冒頭で述べるように、「本願ぼこりはいけないと批判するひと」をこそ批判の中心に置くのです。「本願ぼこり」は悪に違いないのです。中世の代表的な歴史書物といわれる慈円僧正《じえんそうじょう》の『愚管抄《ぐかんしょう》』（岩波文庫）には「女犯《にょぼん》ヲコノムモ魚鳥《ぎょちょう》ヲ食モ。阿ミダ佛ハスコシモトガメ玉《たま》ハズ。一向専修ニイリテ念仏バカリヲ信ジツレバ。一定最後ニムカヘ玉フゾ」と書かれています。ですから、本願ぼこりを批判することのほうに正当性があると思えます。なぜ唯円は本願ぼこりを批判するひとを問題にするのでしょうか。

それにはまず本願ぼこりを批判するひとが、どういう立場に立っているかを考える必要があります。そのひとは、いわゆる「善人」です。善人とは自分の立場は正義であり間違いない、間違っているのは相手だと自認しているひとのことです。悪人が悪いのは誰がみても一目瞭然です。慈円僧正の眼にも映った所行です。だから悪はとがめやすいし批判されやすいのです。ところが唯円の批判の射程《しゃてい》はもっと深いところにあります。人間のもっている毒で一番深い毒は悪ではなく、むしろ「善」だとみています。つまり善人の最大の問題は、みずから振りかざしている善の毒が問われないことです。悪は他人にもわかるし、行っている自分自身がどこかで勘づいていています。しかし決して問われることのない毒は、まさに「善」なのです。善だけは誰からも批判されないという毒をもっています。人間がおぞましく残虐になれるのは、みずからに善を高らかに振りかざしたときです。ここに人間の振りかざす善は、ことごとく偽善だという唯円の一貫した善人批判が表れています。この善を批判できるのはもはや人間ではありません。

本文に「われらが、こころのよきをばよしとおもい、あしきことをばあしとおもいて、願の不思議にてたすけたまうということをしらざる」とあるように、人間の考える範囲内の善悪ですべてを決し、これでよしとしている態度こそ阿弥陀さんの本願をないがしろにしている悲しい姿だと教えられます。本願ぼこりのひとは、阿弥陀さんの救いがあるから悪事をおこなっても「善い」のだと、自らのこころのうちで決め込んでいるのですから、やはり善人に違いないのです。本願ぼこりのひとも、またそれを批判するひとも、ともに人間の考える限りの善悪では救われないと阿弥陀如来は叫んでいるのです。

第十三条　後編

味わい

師・親鸞が「本願ぼこり」の人々を批判するのには、緊急の課題がありました。関東では「専修念仏の人々」が裁判に訴えられ、一歩間違えば念仏集団全体がつぶされかねません。リーダーとしての親鸞には、何とかこの一件を穏便《おんびん》に済ませねばという逼迫《ひっぱく》した責任感が感じられます。

ここで唯円が「本願ぼこり」を論じている空気とは、だいぶ違ったものを感じます。原文には「願にほこりてつくらんつみも、宿業のもよおすゆえなり」という唯円の言葉もあり、「本願ぼこり」を擁護《ようご》していきます。結論としては「本願ぼこり」を悪として否定するひとも、また

「本願ぼこり」を善として肯定するひとも、ともに思いを超えた「宿業」を生きる身なのだと教えていきます。

原文の末尾には唯円が考える「本願ぼこり」が述べられます。「本願ぼこりといましめらるるひとびとも、煩悩不浄《ぼんのうふじょう》、具足《ぐそく》せられてこそそうろうげなれ。それは願にほこらるるにあやずや」と。

意図的に本願に甘えて悪行をしようと考えていない道徳的なひとであっても、煩悩を欠け目なく具《そな》えている姿は、「本願ぼこり」なのだと唯円はみています。

煩悩の身を「生きる」ことそのものが、本願に甘えて傲慢に振る舞っている姿ではないのかというのです。つまり自分で自分のことはなんでもできるから阿弥陀さんなどは不要だと考えているひとこそ傲慢の極みというものです。

第十四条

罪滅ぼしとは？

原文

一念に八十億劫《はちじゅうおくこう》の重罪を滅《めっ》すと信ずべしということ。（中略）滅《めっ》罪《ざい》の利益《りやく》なり。いまだわれらが信ずるところにおよばず。（中略）つみきえざれば、往生はかなうべからざるか。摂取不捨《せっしゅふしゃ》の願をたのみたてまつらば、いかなる不思議ありて、悪業をおかし、念仏もうさずしておわるとも、すみやかに往生をとぐべし。（中略）つみを滅《めっ》せんとおもわんは、自力のこころにして、臨終正念《りんじゅうしょうねん》といのるひとの本意なれば、他力の信心なきにてそうろうなり。

現代語訳

「南無阿弥陀仏」と、ひと声念仏することによって、八十億劫という果てしない時間に私が犯してきた罪を一気に消滅させることができる、と信じなさいということについて。(中略)これは、念仏が罪を消すという利益を表している。しかし、いまだ我々が信ずるところのものではない。(中略)罪が消えなければ、往生は不可能なのか。我々を摂《おさ》めとって捨てない弥陀の本願を信ずれば、どのような不慮のことにも会い、罪業を犯し、たとえ念仏を称えずにいのちが終わろうとも、本願のはたらきで、直ちに往生を遂げることができるのである。(中略)念仏を称えて罪を消そうと考えるのは、自力の発想であり、臨終にこころの乱れをなくして念仏しようとするひとの本音であるから、そのひとは他力の信心がないのである。

第十四条

罪滅ぼしとは?

　中世の人々は罪に対する感覚が敏感です。『日本霊異記《にほんりょういき》』等をみても、因果応報《いんがおうほう》という考えをもとにして罪の意識に怯《おび》えています。その意味で「滅罪《めつざい》」、つまり罪滅ぼしは古代中世の人間にとって重要なテーマでした。ですから異義者が念仏を称える功徳で罪を滅ぼそうとするのも、そういう切実さの表れなのです。一方、罪の意識が現代人には無縁かというと、そうでもありません。罪意識が起こるのは個人の内面ですから周りのひとにはわかりません。水子供養《みずこくよう》や祟《たた》りを畏《おそ》れる信仰は現代でも盛んにおこなわれています。

　この異義者は、罪があっては往生することができない、重たい罪を滅ぼすにはたくさん念仏を称えなければならないと考えています。ところが唯円は罪に怯えるひとに対して、「つみきえざれば、往生はかなうべからざるか。摂取不捨《せっしゅふしゃ》の願をたのみたてまつらば、いかなる不思議ありて、悪業をおかし、念仏もうさずしておわるとも、すみやかに往生をとぐべし」と諭《さと》します。唯円にとっては罪の有る無しが問題ではなく、阿弥陀如来にすべてをおまかせすることが先決《せんけつ》問題だと受け止められています。親鸞から数えて八代目の蓮如《れんにょ》も「罪のありなしの沙汰《さた》をせんよりは、信心をとりたるかとらざるかの沙汰、いくたびもいくたびも、よし。つみきえて御たすけあらんとも、つみ消えずして御たすけあるべしとも、弥陀の御はからいなり、我としてはからうべからず。ただ、信心、肝要《かんよう》なり」（『蓮如上人《しょうにん》御《ご》一《いち》代《だい》記《き》聞《きき》書《がき》』）と言います。罪が消えて助かるか、消えずに助からないか、そんな問題関心から解放され、ただ阿弥陀如来に全身をおまかせすることが肝要だと言います。さらに蓮如は別な言い方で「わが身のつみのふかきことをばうちすてて、弥陀にまかせまいらせて」（『御文《おふみ》』第五帖第十四通）とも言います。自分がどれほどの罪深さを抱えているか、そんなことにとらわれずに、すべてを阿弥陀さんにおまかせしなさいというのです。その背景には、人間が知り得る罪など浅いものだという認識があるのでしょう。人間の知り得る罪は罪の一部分であり、無意識に犯している罪深さなど、とうてい量り知ることができません。食べるということをたとえにとれば、自分がこの世に誕生するために関わった先祖の数は無量無数です。先祖一人一人がいのちあるものを殺して食べてきた罪はどれほどでしょう。それらの殺生の罪が私一人を生みだすために凝縮してきたのです。私の身体は罪の集積体ではないでしょうか。ですから人間には計り知ることができません。本当の罪の重さを知っている方は阿弥陀如来だけです。

罪を悔いることは大切なこころです。それは慚愧のこころです。ところが唯円はそのこころこそ、「つみを滅せんとおもわんは、自力のこころ」と見抜いています。罪滅ぼしのこころは、トカゲが尻尾《しっぽ》を切り捨てて逃げるように、自らの罪を切り捨て、つまり善人になって浄土へ往生しようとするこころです。自らの力で罪を消して救われようとするのですから、阿弥陀如来をたのんではいません。もっと言えば、阿弥陀さんには罪深い私を救う力などないと見くびっているのです。そういう阿弥陀如来に対する反逆心をも如来はお見通しです。阿弥陀如来は罪を恐れるこころに寄り添いながら、そのこころが如来をたのむこころに育つまで、地獄の底までも同伴してくださいます。

第十四条
味わい

一九六〇年代に「サリドマイド事件」が起こりました。妊娠初期にサリドマイドという薬を服用した女性が出産した子どもにアザラシ肢症《ししょう》などの奇形が発生し、国や製薬会社を相手に訴訟問題が起きました。そのような副作用を知らずに薬を飲んでおられた女性が出産に不安をいだき、胎児を中絶しました。ところが、手術後、先生がおっしゃるには、女性の胎児にはそのような奇形がみられなかったとのことです。女性は、出産に不安を感じ判断を誤った自分自身を責めました。

罪とは、自分では思ってもみない形で目の前に現れるものです。もしお念仏に罪を消す効果があるならば、お念仏を勧めることもできましょう。ところが唯円はそれを「滅罪《めつざい》の利益《りやく》」であり、「われらが信ずるところにおよばず」ときっぱりと言われます。ああするしかなかったのよ、ごめんなさいとわが子に謝っても、罪の意識は消えませんでした。後は亡きわが子に謝罪し続ける以外にありません。謝罪のこころは清いこころのはずなのに、唯円は「つみを滅せんとおもわんは、自力のこころ」と、これまた手厳しく批判されます。自分から罪をはぎ取り、身軽になりたいという思いは「自力のこころ」の呻《うめ》きです。

実は自分がしたことの一切合切《いっさいがっさい》が、自分を超えた「宿業」の現れなのだと受け取るとき、罪と私が一体になり、阿弥陀さんの悲愛に包まれていくのです。私が救われがたい罪悪深重の存在であることを、阿弥陀さんだけが、先刻《せんこく》ご存じだったのです。

第十五条 さとりと信心の関係

原文

煩悩具足《ぼんのうぐそく》の身をもって、すでにさとりをひらくということ。この条、もってのほかのことにそうろう。即身成仏《そくしんじょうぶつ》は真言秘教《しんごんひきょう》の本意、三密行業《さんみつぎょうごう》の証果《しょうか》なり。六根清浄《ろっこんしょうじょう》はまた法華一乗《ほっけいちじょう》の所説《しょせつ》、四安《しあん》楽《らく》の行の感徳なり。これみな難行上根《なんぎょうじょうこん》のつとめ、観念成就《かんねんじょうじゅ》のさとりなり。来生《らいしょう》の開覚《かいかく》は他力浄土の宗旨《しゅうし》、信心決定《しんじんけつじょう》の道《どう》なるがゆえなり。（中略）今生《こんじょう》においては、煩悩悪障《ぼんのうあくしょう》を断ぜんこと、きわめてありがたきあいだ、真言《しんごん》・法華《ほっけ》を行ずる浄侶《じょうりょ》、なおもて順次生《じゅんしじょう》のさとりをいのる。（後略）

現代語訳

「信心を得たならば、あらゆる煩悩を具《そな》えた身のままで、さとりを開くことができる」と主張することについて。この主張は、もってのほかのことである。即身成仏※1という教えは真言密教《しんごんみっきょう》の根本義《こんぽんぎ》であり、三密行業※2の証果である。六根清浄※3という教えは、法華一乗※4の説くところであり、四安楽※5の行によって得られる功徳である。これらはみな、特に秀でた能力によって行ずることのできる難しい修行であり、精神統一して仏、菩薩をイメージすることにより成就するさとりである。それに対して、人間の時間意識を破って未来から開かれてくるさとりは、絶対他力を根本義とした浄土真宗の教えである。すなわち、いま、ここで本願力の信心に身も心も定まる道だからである。（中略）いのちのあるあいだは、欲望や怒り、罪の意識を断ち切ることは、まったく困難であるから、真言や法華の行者ですら、次の生でさとりを開くことを祈るのである。

※1 即身成仏…この身のままで仏になること。 ※2 三密行業の証果…身心で大日如来《だいにちにょらい》を観じて得たさとり。
※3 六根清浄…人間の身心が清らかになった状態。 ※4 法華一乗…天台宗の教義のこと、『法華経《ほけきょう》』に依る大乗の教え。 ※5 四安楽の行…自己の身心と他のひとを安らかにするための修行。

さとりと信心の関係

煩悩を欠け目なく具《そな》えている凡夫《ぼんぶ》が、「私はすでにさとりを開きました」などと公言するのはもってのほかだと唯円は批判します。この世でさとりを開き仏に成るという教えは真言や法華などの難行道が説くことで、浄土真宗はこの世で本願を信じ、浄土に往生してさとらせていただくのだと言います。どこまでも唯円は、この世で信心をいただき来世でさとりを開き仏に成るのだと段階論的に表現します。唯円は浄土真宗ばかりでなく、そもそも人間がこの世でさとりを開くということを認めません。本文に「真言・法華を行ずる浄侶《じょうりょ》、なおもて順次生《じゅんししょう》のさとりをいのる」とあるように、現世でさとりを目指す天台法華には天台浄土教が生まれ、即身成仏を説く高野山《こうやさん》でさえ真言浄土教が起こりました。これを正しい教理からの堕《だ》落《らく》あるいは偏向と見る見方もありますが、果たしてそうでしょうか。これは堕落ではなく人間という存在がもっている本来的なあり方に由来しているのではないでしょうか。たとえ現世でさとりを開いたと宣言したとしても、それ以後の生活にも煩悩がつきまといます。人間という存在は欲望存在ですから、欲望が老化とともに多少減ったとしても完全になくなることはありません。さとりを清浄な精神生活と言い換えてみれば、さとりを開いた後にも煩悩の汚れが残ります。それでどうしても来世というものを期待し、より清浄なさとりに憧れるのではないでしょうか。

ところが親鸞には即身成仏に近い表現もあります。たとえば「頓《とん》の中の頓、真《しん》の中の真、乗《じょう》の中の一乗なり、これすなわち真宗なり」(『教行信証』化身土巻)がそれです。「頓の中の頓」とは、速いということの中でも、もっとも速いという意味です。それと同じように積極的な表現で、こうも言います。「「信心の人はその心《しん》すでに浄土に居《こ》す」と釈《しゃく》し給えり。居すというは、浄土に、信心の人のこころ、つねにいたり《（居）》というこころなり」（『御消息集』善性本）と。この世にいるときに信心のひとのこころは、常に浄土にいるのだという意味です。それだから、「真実信心の行人《ぎょうにん》は、摂取《せっしゅ》不捨《ふしゃ》のゆえに、正定聚《しょうじょうじゅ》のくらいに住す。このゆえに、臨終《りんじゅう》まつことなし、来迎《らいこう》たのむことなし。信心のさだまるとき、往生またさだまるなり。来迎の儀式をまたず」（『末燈鈔《まっとうしょう》』）と大胆な表現が生まれてくるのでしょう。臨終という来るべき未来に、阿弥陀如来の来迎を待望する必要がないのです。

　親鸞の表現には、二つの説き方があります。ひとつには「今生《こんじょう》」と「来《らい》生《しょう》」を分けて、今生には本願《ほんがん》を信じ来生にさとりをひらくという段階論的表現です。もうひとつは、「今生」の中に来生を包み込む包摂論《ほうせつろん》的表現です。浄土教は、一方に偏れば即身成仏に代表される現状肯定が生まれます。今生にすでにさとりを開いた、すでに救われてしまったと過去形で語る傾向性です。もう一方に偏れば臨終来迎往生という欲求不満の信仰になります。どこまでも今生は満たされず、来るべき未来を待望する傾向性です。この両極端を超えるところに他力信心はあります。唯円は「浄土真宗には、今生に本願を信じて、かの土にしてさとりをばひらく」のが師の教えだと語ります。これは段階論的表現に見えます。なぜ包摂論で語らないのでしょうか。それは信心を過去の体験にしてはならないという徹底した本願のモラルがはたらいているからです。「救われた」と過去のことにしてしまえば、もうこれ以上、阿弥陀如来の救済力が不要になってしまうからです。

第十五条

味わい

阿弥陀如来の浄土へ往生するのは、現生（現世）なのか死後（来世）なのかという問題は、古くて新しい問題です。親鸞には「段階論的表現」と「包摂論的表現」の二つの表現の仕方があります。

この「往生論」の問題を説くカギは、「時間論」にあります。私たちの常識となっている時間論は、時間が過去から現在へ、そして未来へと流れる時間観念です。この時間論だと、往生は「段階論的表現」で表されます。この世でいのちが終わったとき、浄土へ往くのだとなります。この表現で一貫していれば問題はなかったのですが、親鸞が「包摂論的表現」をせざるを得なかったのはなぜでしょうか。これは安田理深《やすだりじん》先生

（一九〇〇〜一九八二）の言葉がヒントになります。

「未来とは永遠の時間で象徴したものであるから、象徴を象徴として受取る限り未来往生ということになる。これは間違いではないが、象徴が象徴性を失ったら未来が死後になる。死後の往生になる。未来往生というのはまだ間違いではないが、死後の往生と言ったら間違いである」（文栄堂『安田理深選集』第一巻）。

「未来往生」とは言えても「死後往生」は間違いなのです。それは段階論的表現で、往生は「来世（死後）」だと決めたとしても、その死後とは、実は次の一瞬のことですから、現世のことなのです。死の可能性は、常に「次の瞬間」にあります。真の往生とは「過去形」で語ることのできない、まさに〈いま〉、生と死が衝突し、火花が散る躍動感《やくどうかん》そのものなのです。

第十六条 回心《えしん》ってなに？

原文

信心の行者《ぎょうじゃ》、自然《じねん》に、はらをもたて、あしざまなることをもおかし、同朋同侶《どうぼうどうりょ》にもあいて口論をもしては、かならず回心《えしん》すべしということ。この条、断悪修善《だんあくしゅぜん》のここちか。一向専修《いっこうせんじゅ》のひとにおいては、回心ということ、ただひとたびあるべし。その回心は、日ごろ本願他力真宗をしらざるひと、弥陀《みだ》の智慧をたまわりて、日ごろのこころにては、往生かなうべからずとおもいて、もとのこころをひきかえて、本願をたのみまいらするをこそ、回心とはもうしそうらえ。（中略）自然《じねん》のことわりにて、柔和忍辱《にゅうわにんにく》のこころもいでくべし。（後略）

現代語訳

本願を信じて生活しているひとが、思わず腹を立てたり、悪い行いをしたり、あるいは仲間と口論などをしたときには、必ず回心すべきであると発言することについて。この主張は、悪を断ち切り、善を行って浄土に生まれようとする心境から出てきたものであろうか。ひたすら念仏のみに生きるひとにおいて、回心ということは、生涯に二度とない出来事なのである。回心とは、つね日ごろ、本願他力である真実の教えを知らないひとが、阿弥陀の知恵をいただいて、いままで抱いてきたこころでは浄土へ往生できないと思い知らされ、この自力のこころをひるがえして、本願に全身をまかせることである。それをこそ、「回心」というのである。（中略）おのずから穏やかで受容的なこころも生まれてくることだろう。（後略）

回心ってなに？

信心に生きるものが、日常生活の中で腹を立てたり悪いことをしたら必ず「回心《えしん》」すべきであると主張するのは間違いだと唯円は言います。異義者は、「回心」と「反省」を取り違えているのです。反省とは、「自分の過去の行為について考察し、批判的な評価を加えること」（広辞苑）などとあります。これは私たちが日常生活でよくおこなっているこころの動きです。それを唯円は「断悪修善のこころちか」と批判します。悪を断じて善を修するというのは、日常の社会生活では善いこととされています。しかし唯円は、それでは人間が根本的に救われることにはならないと見抜いているのです。信仰は人間のもっとも深層《しんそう》にある全存在の救いの問題です。

そこから唯円は回心について語ります。「回心というのは、常日頃、真宗を知らないひとが、阿弥陀如来の智慧をいただき、自力のこころでは往生できないと断念し、それをひるがえして本願にすべてをおまかせすること」だと定義します。親鸞の「『回心』というは、自力《じりき》の心《しん》をひるがえし、すつるをいうなり」（『唯信鈔文意《ゆいしんしょうもんい》』）に比べると丁寧な定義です。唯円は、「回心ということ、ただひとたびあるべし」と述べるのですが、この「ただひとたび」が意味深長です。これは思想家・森有正《もりありまさ》のいう「経験」であって「体験」ではないと思います。彼はこう述べています。「人間はすべて、『経験を持っている』わけですが、あるひとにとって、その経験の中にある一部分が、特に貴重なものとして固定し、その後の、そのひとのすべての行動を支配するようになってくる。すなわち経験の中のあるものが過去的なものになったままで、現在に働きかけてくる。そのようなとき、私は体験というのです。それに対して経験の内容が、絶えず新しいものによってこわされて、新しいものとして成立し直していくのが経験です。経験ということは、根本的に、未来へ向かって人間の存在が動いていく。一方、体験ということは、経験が、過去のある一つの特定の時点に凝固したようになってしまうことです」(講談社『生きることと考えること』)。

回心は一度体験したら、その体験が過去のこととして凝固《ぎょうこ》してしまうものではなく、つねにそれが壊され〈いま〉新しく経験されるものへ改変されていくものだと思います。ですからこの「ひとたび」とは、私たちが日頃、経験しているたくさんの経験のひとつでなく、また時間的な経過とともに過ぎ去っていくものでもなく、むしろ私たちの一生を包みこむような「ひとたび」ではないでしょうか。比喩的に言えば、生きる時間が人間の物差しから阿弥陀如来の物差しへと転換することです。それは、死を念頭から排除して〈いま〉を生きようとする人間の時間を脱し、逆に未来〈死〉から〈いま〉をみる視線への転換です。それを「自然のことわりにて、柔和忍辱のこころもいでくべし」と語っているように思います。「自《じ》然《ねん》のことわり」とは、一寸先にある死という現事実を前にして、阿弥陀如来に〈思い〉のすべてをおまかせすることです。阿弥陀如来に対面するときにのみ、人間におのずから「柔和忍辱のこころ」が生まれます。柔和とは、物事が柔らかく受け止められ、ユーモアというゆとりが生まれることです。また忍辱とは、眼前の現実にきちんと対面し、それを黙って引き受けていく勇気が湧くことです。阿弥陀如来に対面すれば、それはおのずから成り立つことで、ことさら人間性を向上させろと叫ぶ必要がなくなります。

第十六条

味わい

第一条に「ただ信心を要《よう》とす」とあるように、真宗門徒にとって信心を得ることが最も大切なことです。信心を得ることを「回心《えしん》」と言います。この「得る」という言葉も譬喩《ひゆ》です。

回心には漸機《ぜんき》と頓機《とんき》があると言われます。たちまち劇的な精神的転換をして回心するのを「頓機」、少しずつジワジワと身に沁《し》みて回心するのを「漸機」と言います。それをよく柿に譬えられ、柿の渋みが少しずつ抜けて甘みに変化するように、ジワジワと変化していくものだと教えられます。多くのひとは漸機ではないでしょうか。

第六条には「如来《にょらい》よりたまわりたる信心」という言葉がありました。

回心というと、いかにも自分の努力で心を転ずるように思いますが、そうではなく、ひたすら如来からいただくものだという理解です。これは、後序にも出てくる表現です。

この「たまわる」という表現も譬喩です。「たまわる」とは、いただくという意味ですが、普通はもらったものは自分のものになりますが、信心はもらっても自分のものにはなりません。信心とは自分が阿弥陀如来を信ずることでなく、如来から「信ぜよ」という願いを聞き続けることです。私自身が「信ぜよ」という願いを聞く受動体になることです。むしろ信じているのは阿弥陀如来なのです。私たちが「信ずる」と使うときには、必ず条件付きです。無条件の「信」は如来だけが起こせるものです。如来の「信」を、私たちは本願と呼びます。私にとって信とは、如来の命令以外に成り立たないのです。

第十七条

信仰に結論なし

原文

辺地《へんじ》の往生をとぐるひと、ついには地獄《じごく》におつべしということ。この条、いずれの証文にみえそうろうぞや。学生《がくしょう》だつるひとのなかに、いいいだ(言出)さるることにてそうろうなるこそ、あさましくそうらえ。信心かけたる行者は、本願をうたがうによりて、辺地に生じて、うたがいのつみをつぐのいてのち、報土のさとりをひらくとこそ、うけたまわりそうらえ。信心の行者すくなきゆえに、化土《けど》におおくすすめいれられそうろうを、ついにむなしくなるべしとそうろうなるこそ、如来《にょらい》に虚妄《こもう》をもうしつけまいらせられそうろうなれ。

現代語訳

辺地に生まれたひとは、ついには地獄に堕ちるに違いないということについて。この主張は、どのような経釈《きょうしゃく》に根拠があるのだろうか。学者だといわれている人びとのなかから言い出されたそうだが、まったく歎かわしいことである。真実信心の欠けた念仏者は、弥陀の本願を疑うことによって、辺地に生まれ、疑いの罪を償った後、真実報土のさとりを開くのだと承っている。真実信心の念仏者が少ないために、如来は人間が実感できるようなかたちで「浄土」への往生を多く勧められているのに、「化土（辺地）」へ往生することは無意味だなどと主張することは、如来に嘘言《きょげん》の罪を着せようとするおつもりなのか。

信仰に結論なし

仏さまの智慧を疑うひとは阿弥陀如来の浄土の中心でなく辺鄙《へんぴ》なところ、つまり「辺地《へんじ》」に生まれてしまうのだと言われます。これを真に受けて、「辺地に往生したひとは、最終的に救いのない地獄へ堕ちてしまうのだ」という異説が生まれました。これを唯円は批判していきます。きっと仏教の勉強をしたことのある「学僧をきどったひと」が言い出したことだろうというのです。唯円は「信心が欠けている行者は、本願を疑うことで辺地に生まれるのだが、そこで疑いの罪を償《つぐな》ったあと、真実の報土に生まれるのだ」と述べます。最初から「辺地」の存在を否定しません。一応、辺地の存在を認めた上で、そこは疑いの罪を償う場所だと語ります。異義者は、辺地を地獄へ堕ちるための前段階であり、そこへ堕ちたら二度と這《は》い上がれずに救いはないのだと悲観しているようです。

親鸞の受け取っている辺地は、「懈慢界《けまんがい》・疑城《ぎじょう》・胎宮《たいぐ》」と同じく、仏智を疑うこころの神話的表現です。実体的にどこかにあるものではありません。『仏智疑惑和讃』では「仏智《ぶっち》の不思議をうたがいて　自力《じりき》の称念《しょうねん》このむゆえ　辺地懈慢《へんじけまん》にとどまりて　仏恩報《ぶっとんほう》ずるこころなし」とあり、これら二十三首を締めくくるに当たって「仏智うたがうつみふかし　この心《しん》おもいしるならば　くゆるこころをむねとして　仏智の不思議をたのむべし」とうたわれています。

仏智を疑うということは、積極的に「仏の智慧などあるものかと疑う」という意味ばかりではありません。第十三条にもありました「われらが、こころのよきをばよしとおもい、あしきことをばあしとおもいて、願の不思議にてたすけたまうということをしらざる」ことまでを含めています。

要するに、自分のこころの価値観のみを信じていることが、実は仏の智慧を疑うことなのです。ここまでを仏智疑惑だと言われると、仏の智慧を疑っていないひとはいません。なぜなら、人間は自分の価値観をのみ正しいと信じて日々を暮らしているからです。これでは阿弥陀さんの智慧を信じようなどという必然性はまったくありません。

『浄土論註《じょうどろんちゅう》』の頑《かた》い石の譬《たと》えが身にしみます。雲が大雨を降らせたとしても、頑い石には水が染み込みません。これは雨の問題ではなく、ひたすら頑《かたく》なな石のほうに問題があるのだという譬えです。雨は本願の智慧に譬え、石は本願の染み込まない私自身を表しています。ところが親鸞は、その頑い石である私に向かって「この心《しん》おもいしるならば　くゆるこころをむねとして　仏智の不思議をたのむべし」と訴えます。阿弥陀如来の智慧などまったく必要としていない私に向かって、そんなものは地獄に堕ちてしまえとは言いません。「仏智の不思議をたのむべし」と叫んでいます。これが本文の「うたがいのつみをつぐのいて」と通じるこころだと思います。仏の智慧を疑う者を目当てに、その罪の重さを自覚させられたとき、仏の智慧をたのむ者になれと。仏の智慧をたのめとは、「自分のこころの価値観」を信じるなということです。それは「自分のこころの価値観」をなきものとして破壊せよということではありません。この価値観なくして人間は生きることができません。ただ、この価値観に絶望し、どこまでも歎いてくださる阿弥陀如来の慈悲に身を投ずること、それが「たのむべし」という命令を受けることです。永遠に「たのむ」ことのできない者に向かってのみ、永遠に「たのむべし」と命じ続けてくださるのです。

第十七条

味わい

「仏法が理解できてしまったなら、阿弥陀さんと縁切りだと思いなさい」と言われます。仏法はどこまで聞いても、ワクワクとひとを揺さぶり続ける不可思議なものです。決して、自分の知力で理解し尽くすことはできません。

もし理解し「わかった」となってしまったら、それこそ仏法の魅力は失せてしまいます。阿弥陀さんが「わからせよう」とはたらくことも不要になってしまいます。人間は、自分が「わかった、理解できた」と手に入れたものに対して、魅力を感じなくなるからです。つまり救われません。これは信仰のマンネリ化ですが、実はマンネリ化を起こしてくださるのも仏法の力です。

仏法は決して人間の手に入るようにはできていません。手に入れたい、信心を得たいと思うほどに魅力のあるものですが、決して手に入りません。何かが満ち足りないから仏法を聞くという聞き方もありますが、その「何か」がわからないのです。そして聞いていると、わかるようなわからないような状態が生まれます。昔から「薄皮《うすかわ》一枚がわからん」と言われてきました。人間は、「わかって」救われるものでなく、「わからん」と言って救われていくものです。この「わからん」にも二通りあって、「不満のわからん」と「満足のわからん」です。「不満のわからん」は、自己判断の「わからん」ですが、「満足のわからん」は阿弥陀さんからの応答の「わからん」です。大悲の応答に満たされて、一生、ワクワクと「わからん」を生きるのです。

第十八条

お布施と信心？

原文

仏法のかたに、施入物《せにゅうもつ》の多少にしたがいて、大小仏になるべしということ。この条、不可説《ふかせつ》なり、不可説なり。比興《ひきょう》のことなり。まず仏に大小の分量《ふんりょう》をさだめんことあるべからずそうろうや。かの安養浄土《あんにょうじょうど》の教主の御身量《ごしんりょう》をとかれてそうろうも、それは方便報身《ほうべんほうじん》のかたちなり。（中略）いかにたからものを仏前にもなげ、師匠《ししょう》にもほどこすとも、信心かけなば、その詮《せん》なし。一紙半銭《いっしはんせん》も、仏法のかたにいれずとも、他力にこころをなげて信心ふかくは、それこそ願の本意にてそうらわめ。すべて仏法にことをよせて、世間の欲心もあるゆえに、同朋《どうぼう》をいいおどさるるにや。

現代語訳

寺院や僧侶へ差し出す金品の額に応じて、大きな仏ともなり、小さな仏ともなると主張することについて。このような主張は、もってのほかであり、卑劣なことである。まず、人間が仏の大小を決めることなどあってはならないことではないか。阿弥陀如来の身体の大きさが経典に説かれてはいるが、それは人間が感じられる形で譬喩的に表した姿なのである。（中略）どれほど財宝を仏前《ぶつぜん》に供え、師匠に施《ほどこ》したとしても、信心が欠けていれば、まったく無意味なことである。たとえ紙一枚、銭半銭を差し出さなくとも、他力にすべてをまかせ、信心が深ければ、それこそ阿弥陀の本願のこころに適《かな》うことである。総じて仏法にことを寄せて、俗世の欲望があるものだから、このようにともに念仏の教えに生きる人びとをおびやかすのであろうか。

お布施と信心？

「施入物《せにゅうもつ》」とはお布施《ふせ》のことです。お寺や僧侶に対する御礼の多少によって、自分自身が大きな仏さんになったり小さな仏さんになったりする、そんな主張はとんでもないことだと唯円は批判します。ここに布施を払う側には、仏法を利用して自分を大きな仏にしたいという欲心があり、もらう側は当然、経済的な利益をこうむるわけです。これを死者の供養に用いれば、仏法を利用して故人を立派な仏さんにしようとする追善供養が成り立ちます。いずれも宗教を利用して、人間の欲望を叶えようとする欲心のあらわれです。唯円はどれだけお布施をしようとも、真実の信心からの促しでなければ意味がなく、たとえ紙一枚あるいは少しのお金さえ布施しなくても、他力の信心が深ければ本願のおこころに適《かな》っているのだと言います。唯円は、せっかく仏さんを頼んでいるのに、それをギブアンドテイクのこころで自己満足の道具にしていることを歎いているのです。仏さんの世界に向かって精一杯のお布施をすれば、それに見合った利益が与えられるという発想はギブアンドテイクの発想です。人間の欲望を叶えるために仏さんを利用しているだけです。それは仏さんをたのんでいるのではなく、自らのこころ（貪欲）を頼んでいるのです。唯円は、そのこころのカラクリに気づき、ギブアンドテイクのこころそのものを仏前に投げ出しなさいと命じているようです。

あるひとが、昨年の初詣では一万円を賽銭箱《さいせんばこ》に投じたが、今年は千円に値下げしたと言います。なぜ値下げをしたのかを聞くと、一万円を出したのに昨年はそれほどよいことがなかったからと答えたそうです。これはまさに仏さんを自分の都合を叶える道具のように考えているのです。さもしいことです。

ジャータカ物語に出てくる「シビ王の話」が印象的です。シビ王のもとに、鷹《たか》に追われた鳩が助けを求めて逃げこんできます。王様は鳩をかくまいます。ところが鷹は鳩を食べないと飢えて死んでしまうと王様に訴えます。そこで王様は鳩と同じ重さの自分の肉を与えようと鷹に約束し、自分の肉を削《そ》ぎ落とします。その肉を鳩と同じ重さになるように秤《はかり》の上に乗せます。ところが、いくら削って乗せても秤の針は釣り合いません。なんとその針が釣り合ったのは、王様の命が亡くなったときだったのです。ここに命の重さは量的な重さでなく代替《だいが》え不能という教えがあります。これに供養を重ね合わせれば、本当の供養とは自分自身の命をまるごと捧げることと以外にありません。しかし、それを思うと人間には本当の供養などできないものだと知らされます。供養も、また自分を大きな仏さんに仕立てたいという思いも、共にギブアンドテイクの貪欲から起こった行為であれば、それはすべて汚れた行為です。悲しいことですが貪欲以外に宗教心のかけらもないのが自分の偽《いつわ》らざる姿ではないでしょうか。親鸞はそれを「浄土真宗に帰《き》すれども　真実の心《しん》はありがたし　虚仮《こけ》不実《ふじつ》のわが身にて　清浄《しょうじょう》の心《しん》もさらになし」（『正像末和讃』）と懺悔《さんげ》します。これは親鸞が八十四歳のときの和讃です。つまり七十年以上にわたって仏道を求め続けてきた親鸞が、自分には「真実の心」も「清浄の心」もないと述べるのです。これは絶対の絶望でしょう。ところが、その裏に流れているものがあります。親鸞に「ありがたし」「さらになし」と語らせているもの、それこそが阿弥陀如来の願命です。親鸞にそう語らしめた本願にこそ親鸞は生きていたのです。自分の存在を阿弥陀如来にまるごと捧げた一生でした。

第十八条

味わい

人間には「道具」を生み出した知恵があります。産業革命は、この知恵で成り立ちました。簡単に言えば、「ああすればこうなる」、つまり「how to」の知恵です。

習い性になっていて、仏法に関わるときも「how to」の知恵を用います。たくさん布施をすれば、見返りも大きいはずだと考えます。ただし、仏法は世俗《せぞく》の経済では計れないので、どれだけ布施を積めばよいかわかりません。こうなったら、できるだけたくさん積んだら間違いないだろうと捨《す》て鉢《ばち》になりかねません。まあ、できる方は多く、できない方はそれなりにというのがお布施の原理でしょう。

阿弥陀さんを「how to」の知恵で計ることはできません。原文にも、阿弥陀さんの大きさは「方便報身《ほうべんほうじん》のかたちなり」とあります。方便とは、人間が考えやすいように仮に偶像として表現したという意味です。本質的には阿弥陀さんは、人間のような形をしてはいません。人格神《じんかくしん》のように錯覚されますが、一神教の人格神とは違います。阿弥陀さんとは、人間の「how to」の知恵を絶対否定してくださるはたらきを、仮に人格的に表現したまでのことです。

人間の手で彫刻したり、絵で描ける像はいうに及ばず、思いの中に出来上がる像をも「偶像」として否定してくださいます。あえて、木像や絵像などの偶像を置くのは、自覚することの難しい「思いの中にある像」をも偶像であると教えるためなのです。このように徹底して否定してくださる悲愛を仮に「阿弥陀」と名づけさせていただくのです。

後序（一）救いの平等性とは？

原文

（前略）「善信《ぜんしん》が信心も、聖人《しょうにん》の御《ご》信心もひとつなり」とおおせのそうらいければ、勢観房《せいかんぼう》、念仏房《ねんぶつぼう》なんどもうす御同朋達《おんどうぼうたち》、もってのほかにあらそいたまいて、「いかでか聖人の御信心に善信房の信心、ひとつにはあるべきぞ」とそうらいければ、「聖人の御《おん》智慧才覚《ちえさいかく》ひろくおわしますに、一《ひとつ》ならんともうさばこそ、ひがごとならめ。往生の信心においては、（中略）ただひとつなり」と御返答あり（中略）法然聖人のおおせには、「源空が信心も、如来《にょらい》よりたまわりたる信心なり。善信房の信心も如来よりたまわらせたまいたる信心なり。されば、ただひとつなり。

現代語訳

（前略）「私〈善信〉の信心も、法然上人のご信心もひとつである」とおおせられたところ、勢観房や念仏房などという同門の人たちが、意外なほどに語気を強めて反論し、「どうして法然上人のご信心と善信房の信心がひとつであろうか」といわれたので「法然上人の知恵や学識が広くすぐれておられるのに、もしそれと私がひとつだというのであれば、それこそまったくの心得違《こころえ》いであろう。しかし往生の信心にあっては、ただひとつである」とお答えになった（中略）法然上人は「源空（法然）の信心も、如来からいただいた信心である。また善信房（親鸞）の信心も、如来からいただかれた信心である。だから、まったくひとつなのだ。

救いの平等性とは？

今回から三回に分けて「後序《ごじょ》」を学んでいきます。今回の箇所は、古来より「信心一異《しんじんいちい》の諍論《じょうろん》」と呼ばれてきました。親鸞が吉水《よしみず》の草庵《そうあん》で法然の教えを学んでいた頃の話です。居並ぶ先輩や同輩たちに向かって、親鸞は「自分（善信）の信心も師の法然聖人の信心もひとつである」と公言します。それを聞いた先輩たちは怒りをあらわにし、「どうして法然聖人の信心とお前（善信）のようなものの信心がひとつであろうか」と抗《あらが》います。そこで親鸞はなぜひとつなのかという理由を弁明《べんめい》します。「もし法然聖人の知性や学才と同じだというのであれば、それは間違いである。ただし往生の信心はまったく異なることがない」と。ところが、その弁明に納得しなかった先輩たちが、師匠の前で決着をつけようということで、とうとう法然聖人にお出ましいただくことになりました。ところが法然は、「自分（源空）の信心も親鸞の信心も如来よりいただいた信心であるからただひとつである」とおおせられました。

そもそも、この問答は親鸞が引き起こしたものです。親鸞とて先輩たちにこのような発言をすれば、どういう反応が返ってくるか、あらかじめ予想はついていたはずです。それなのになぜこのような発言をしたのでしょうか。先輩たちの怒りを買ってまで明らかにせずにいられなかった親鸞の問いとはなんでしょうか。それを一言でいえば「救いの平等性」です。法然は難しい修行が救いの条件であれば、「平等性」は成り立たないと考えます。そこで万人が称えることのできる「ただ念仏」だけが「救いの平等性」を保証すると考えました。

しかしこの問答ではもう一歩踏み込んだ展開を見せます。「称える」という行為を平等性の根拠にすると、やはり人間の能力の問題になってしまい不平等が現れてしまいます。そこで「称える」という行為から「信心」という内面性へと踏み込み、法然に「如来よりたまわりたる信心」と語らせます。称名念仏という行為でなく、如来から発《おこ》された「信心」だけが平等性を保証するのです。もっと言えば「称えよう」という意図すら条件にはなりません。どこまでも如来の側に平等性の根拠を置かなければ、「救いの平等性」は成り立ちません。人間の内面に発る信心であっても、それは人間が意図的に発した信心でなく、如来からいただいたものでなければなりません。「如来よりたまわりたる」という表現は譬喩です。いかにも贈物でももらうような譬えです。日常生活で贈物をいただけば、それは自分の所有物になります。ところが信心が自分の所有物になってしまえば、親鸞のいう「智慧才覚」と同じです。それでは「救いの平等性」になりません。どこまでも如来に起源をもち、それをいただいたとしても決して人間の所有物にならないもの、それこそが「往生の信心」でなければなりません。

親鸞は「弥陀の本願信ずべし」（『正像末和讃』）と命令形で信心を表現します。人間が「信じた」と過去形で表現することを許さないものこそ信心です。どこまでも「信ずべし」という命令をたまわる受動態にしか信心は成り立ちません。自分の内面に信ずる根拠をもたないものが「往生の信心」です。もし親鸞の問題提起に対し法然が信心による同一を保証しなければ、おそらく親鸞は法然のもとを去ったに違いありません。他者のどんな批判を浴びようとも、このことだけは揺るがすことができないと親鸞を突き動かしたものこそ「救いの平等性」ではないでしょうか。

味わい

後序（一）

この「信心一異の諍論」のエピソードは真宗系の文献にしか見ることができません。法然門下には先輩や同輩がたくさんおられましたが、このエピソードはどこにも記されていないようです。

ここでは、まず親鸞が手を挙げて発題しています。いわば発端を親鸞が作り、俄《にわ》かに物議を醸《かも》しだすという展開です。親鸞とて常識をもっていたはずですから、並みいる先輩を前に物議を醸すことは想像がついたでしょう。しかし、常識外れと言われようと、親鸞の肩を押し、手を挙げさせた力はなんでしょうか。

それこそが、「救いの平等性はどこで成り立つのか」という問題関心でした。救いの条件を人間が握ってしまえば、平等性は成り立ちません。救いはどこまでも、阿弥陀如来のはたらきであり、人間がそこに指一本関与することはできません。

法然から「如来からたまわりたる信心」という言葉を引き出した親鸞は、それを「弥陀如来回向《みだにょらいえこう》の真実信心なり」（『尊号真像銘文《そんごうしんぞうめいもん》』）と再表現しました。私はそれを「人間が信ずる必要のない信心」と再々表現しました。「信心」という言葉も、先入観や固定観念をもたれる言葉です。「真実信心」とは、人間が、さあこれから信じようという努力をまったく必要としません。むしろその努力を完全に無化《むか》するはたらきです。

それで八十四歳の親鸞は「浄土真宗に帰《き》すれども　真実の心《しん》はありがたし」（『正像末和讃』）と、安心して、包み隠さず赤裸々《せきらら》に、ありのままの自分を表白《ひょうはく》できたのです。

後序（二）

ふたつのおおせ

原文

（前略）聖人のつねのおおせには、「弥陀《みだ》の五劫思惟《ごこうしゆい》の願《がん》をよくよく案ずれば、ひとえに親鸞一人《いちにん》がためなりけり。（中略）聖人のおおせには、「善悪の、ふたつ総じてもって存知《ぞんじ》せざるなり。そのゆえは、如来《にょらい》の御《おん》こころによしとおぼしめすほどにしりとおしたらばこそ、よきをしりたるにてもあらめ、如来のあしとおぼしめすほどにしりとおしたらばこそ、あしさをしりたるにてもあらめど、煩悩具足《ぼんのうぐそく》の凡夫《ぼんぶ》、火宅無常《かたくむじょう》の世界は、よろずのこと、みなもって、そらごとたわごと、まことあることなきに、ただ念仏のみぞまことにておわします」とこそおおせはそうらいしか。

現代語訳

（前略）親鸞聖人がつねづねおおせになっていたお言葉に「阿弥陀如来が五劫という長い時間をかけて、すべての存在を救おうという深い思いから建てられた誓願を、よくよくこの身に引き当ててみると、それはひとえにこの親鸞一人を救うためであったのだ。（中略）親鸞聖人のおおせには「何が善であり、何が悪であるのか、私はまったく知らない。その理由は、如来が知っているほどに善を知っているのであれば、私は善を知っているといえよう。また、如来が知っているほどに悪を知っているのであれば、私は悪を知っているということもできよう。しかし、あらゆる煩悩が具わっている私たち、そして、まるで燃えさかる家のように激しく移ろいやすいこの世界は、すべてが嘘偽りや絵空事であって何ひとつ真実はない。ただ南無阿弥陀仏だけが真実なのである」と。

ふたつのおおせ

「後序」にはふたつの親鸞の「おおせ」があります。ひとつには阿弥陀如来の本願は親鸞ただ一人《いちにん》をたすけるためのものだったという感慨の表明です。親鸞は自分のことを「親鸞」と呼びます。「われ」や「われら」という表現もありますが、それは普通代名詞であり、錐《きり》を衝くような鋭さはありません。一方「親鸞」という表明は、代替え不能な自己自身が阿弥陀如来と対峙《たいじ》した凄味《すごみ》を感じます。「親鸞一人をたすけんがため」とは、単に阿弥陀如来の本願は私ひとりを救うためだったという報恩感謝の感情だけではないでしょう。「親鸞一人」が救われるということは、あらゆる人びとの助かっていく道理が開かれたという救済宣言なのです。この「一人」を通して教えられることは、人間には二面性があるということです。

ひとつには「あらゆる人びとの中の特殊例としての一人」（特殊）であり、ふたつには「あらゆる人びとを代表する一人」（普遍）です。一般的に自己といえば、「特殊としての一人」のみを指します。しかし、本願の救済は「あらゆる人びとを代表する一人」、つまり「普遍的な一人」を開きます。ですから、親鸞における「一人」とは、千載一遇《せんざいいちぐう》のご縁で本願から賜った一人という意味があるのです。平たくいえば、「私一人が救われたということは、この世界で誰一人として救われないものはいない」という確信です。「親鸞一人がため」とは、何も本願の救いを一人が独占したということではありません。あらゆる人びとの救いの普遍性を「親鸞一人」が証明したという喜びの表明なのです。

ふたつめの「おおせ」は「善悪のふたつ総じてもって存知《ぞんじ》せざるなり」で、自分は善悪というものをまったく知らないという表明です。この善悪とは、絶対的な善悪のことで相対的な善悪のことではありません。倫理的にして善いことと悪いことは知っているのです。これがわからなければ社会生活はできません。親鸞が知らないと言っているのはあくまで絶対的な善悪のことです。つまり如来が知っているように人間が知り得ることはないという意味です。ただ自分の無能ぶりを歎いているわけでなく、如来の側からの批判を披瀝《ひれき》しているのです。自分はいかにも善悪をわかったような顔で生きているが、本当に、つまり如来が知っているように善悪をわかって生きているのかという批判です。それを自分が自分に対して歎くのではなく、如来が自分に対して批判的に関わってくださったという喜びで表します。それが「煩悩具足《ぼんのうぐそく》の凡夫《ぼんぶ》、火宅無常《かたくむじょう》の世界は」から始まる文章へと続きます。よく「火宅無常の世界は…そらごとたわごと、まことあることなき」まではよくわかるが、そのあとの「ただ念仏のみぞまこと」がわからないとおっしゃる方がいます。実は、最初の文章と後の文章は別々のことを語っているのではありません。「ただ念仏のみぞまこと」という鏡に「そらごと、たわごと、まことあることなき」と映っているだけのことです。ですから、「ただ念仏」がわからなければ「そらごと、たわごと」は本当の意味で頷けてはいないのです。ただ世情の不安や政治の腐敗を悲観的に歎いているだけのことです。そこには、歎きはあっても救いはありません。親鸞はあくまで、「ただ念仏」の鏡を持てば、どれほど絶望的な世の中にあっても、それを、悲しみをもって淡々と引き受けて生きていくことができると語っているのだと思います。

後序（二）

味わい

後序には他にも大切な言葉があります。それは「おおよそ聖教《しょうぎょう》には、真実権仮《しんじつごんけ》ともにあいまじわりそうろうなり。権をすてて実をとり、仮をさしおきて真をもちいるこそ、聖人《しょうにん》の御本意にてそうらえ」です。

仏教は一口に「八万四千《はちまんしせん》の法門《ほうもん》」と言われます。『聖書』や『コーラン』はひとつですから、増える心配はありません。ところが仏教聖典は、時代によって増えてきたのです。これは仏教の本質にかかわる問題で、仏典は増えていくのが道理なのです。仏典は「如是我聞《にょぜがもん》」、私はこう聞きました、私はこう受け止めました、私はこれで救われましたという形式ですから、それを受け止めた人間が経として執筆し編纂《へんさん》していくものなのです。

仏法は、時代や民族を超えて流れている普遍的な法則です。そうであれば、どの時代にも、その普遍的な法則にふれて、「私はこのように受け止めました」という人間が誕生してこなければなりません。

しかし、それではお釈迦様が説かれたものでなく、仏教でないのではという疑問が当然起こります。そこで「聖教には、真実権仮ともにあいまじわりそうろう」と述べられてきます。お釈迦様が説かれたから絶対だと決めつけてはならないのです。どのお経にも真実の部分と仮の表現があるのですから、真実の部分に着目していけばよいのです。

そのために真実と権仮を見分ける「信心の眼」を開くことこそが、いつの時代にも仏弟子の責任なのです。

後序（三）

親鸞を弾圧した〈常識〉

原文

後鳥羽院御宇《ごとばいんぎょう》、法然聖人《ほうねんしょうにん》他力本願念仏宗《たりきほんがんねんぶつしゅう》を興行《こうぎょう》す。于時《ときに》、興福寺僧侶敵奏之上《こうぶくじのそうりょこれをてきそうしたてまつる》、御弟子中狼藉子細《おんでしちゅうろうぜきしさい》あるよし、無実風聞《むじつふうぶん》によりて罪科《ざいか》に処せらるる人数事《にんじゅのこと》。

一　法然聖人並御弟子七人流罪《ならびにおんでししちにんるざい》、また御弟子四人死罪におこなわるるなり。聖人は土佐国番田《とさのくにはた》という所へ流罪、罪名藤井元彦男《ざいみょうふじいのもとひこおのこ》云々、生年《しょうねん》七十六歳なり。

親鸞は越後国《えちごのくに》、罪名藤井善信《ふじいのよしざね》云々、生年三十五歳なり。（中略）

親鸞改二僧儀一賜二俗名一《しんらんそうぎをあらためてぞくみょうをたまう》、仍非レ僧非レ俗《よってそうにあらずぞくにあらず》。然間以二禿字一為レ姓《しかるあいだとくのじをもってしょうとなし》被レ経二奏問一畢《そうもんをへられおわんぬ》。（中略）流罪以後愚禿親鸞令レ書給也《るざいいごぐとくしんらんとかかしめたまうなり》。

現代語訳

後鳥羽上皇《ごとばじょうこう》のご治世《ちせい》のころ、法然上人が他力本願念仏を宗《むね》とする教えを世に広められた。そのとき、興福寺（奈良）の僧侶たちが敵視して朝廷に上訴《じょうそ》した。法然上人の弟子たちのなかに、無法な振る舞いをしたという、事実無根《じじつむこん》の噂により処罰された人びとの数は、次のとおりである。

一、法然上人とその弟子たち七人は流罪。また四人の弟子たちは死罪に処せられた。法然上人は、土佐の国（高知県）の番田というところへ流罪。罪人としての名前は藤井元彦、男などとあり、年齢は七十六歳であった。

親鸞は越後の国（新潟県）へ流罪。罪人としての名前は藤井善信、などとあり、年齢は三十五歳であった。（中略）親鸞は僧の身分を捨てさせられ罪人としての名前を与えられた。これによって「僧に非ず俗に非ず」と宣言されたのである。このようなことで、「禿」の字を姓として朝廷に申し出て認められた。（中略）流罪以後、愚禿親鸞と名のられたのである。

親鸞を弾圧した〈常識〉

『歎異抄』の末尾には本文とはだいぶ趣の異なった「流罪《るざい》文」がついています。写本によってはないものもありますが、最古の写本といわれる蓮如の筆写本にはついています。私は、この「流罪文」がなければ『歎異抄』は完結しないと思っています。これは「承元《じょうげん》の法難《ほうなん》」（あるいは建永《けんえい》の法難）で、法然の教団が旧仏教から弾圧された記録が淡々と記されています。法然が「他力本願念仏宗」を興《おこ》したことで、奈良の興福寺や京都の延暦寺などの旧仏教が朝廷に訴え、無実の罪で法然と弟子たちが断罪されました。法然は四国へ、親鸞は越後へ流罪になり、四人が死刑になったと記されています。なぜ、このような冤罪《えんざい》事件が起こったのでしょうか。その理由として法然門下の思想や所行があったとされます。いわゆる造悪無《ぞうあくむ》碍《げ》（本願ぼこり）で、倫理的によくないことをしてもよい、阿弥陀如来は悪人を救われるのだから、むしろ悪事を進んでしなさいという主張です。旧仏教側でも、世間が倫理的に乱れるのと同じように宗教教団も同様な体たらくだと歎いています。ただそのことを歎かわしいと感じるならまだしも、そのことを恥ずかしいとも思わず、却《かえ》って反倫理的な所行をひけらかすとは何事かという怒りが弾圧の引き金でした。確かに旧仏教側の目についたのは、法然門下の急進派の弟子たちです。しかし、もっと根本的に旧仏教が恐れたのは、法然の思想性そのものでした。法然が、自分たちのような愚か者には「ただ念仏」しかありませんと語っていれば弾圧は免れました。ところが法然は旧仏教のやっている修行は無意味だから捨てなさい、「ただ念仏」だけを称えなさいと訴えました。この思想性が旧仏教側の怒りを買ったのです。なぜ法然がそれほどのことを言ったのか、それはやはり「救いの平等性」をどう開くかという関心からでした。

それは旧仏教が仏教だと考えていた根本的な体系の変革を迫るものでした。一言でいえば、旧仏教は「how to」という質の仏教です。つまり「いかにしたら救いが手に入るか」「どのような修行をすればさとりを開くことができるか」という発想の仏教です。これは私たちの常識とまでなっている考え方です。悟りを開こうと発起したなら、何もしないで向上できるわけがありません。何か実践すべき修行が必要だと考えるのが普通です。ところが、その発想を否定したのが法然・親鸞だったのです。親鸞の考えによると、それは「自力」ということになります。もともと修行のできるような能力が欠けているのが私たちであり、そのために阿弥陀如来が本願を起こして私たちを救ってくださるのだと言います。それなのに、自分の力を当てにして浄土へ往生しようと考えるのは傲慢であり、阿弥陀如来の愛を疑っていることだと批判します。親鸞の発想を突き詰めると、「少しでも修行をしようとしたら救われない」というものです。一方、旧仏教の考えは、初めから人間を無能な存在だと考えることが傲慢であり、少しずつでも修行して向上せよというものです。この発想こそ正しく、法然・親鸞の考え方にこそ違和感を感じるのではありませんか。これは現代人の私にも通じる常識です。ところが、この「常識」によって弾圧されたのが法然・親鸞です。そう考えると、この「how to」という発想そのものが法然・親鸞を弾圧したのです。弾圧の加害者である私が、親鸞を「聖人」と崇《あが》め利用しているのです。このことへの深い懺悔から『歎異抄』は紡ぎ出されたように思えるのです。

味わい

後序（三）

『歎異抄』と似た内容の流罪記録が、『親鸞聖人血脈文集《けつみゃくもんじゅう》』にも収録されていて、事件は門弟の間でも周知されていたのでしょう。

ただ、『歎異抄』に流罪文が置かれる理由がわかりません。ひとつには専修念仏が弾圧されたにもかかわらず、命懸けで伝えられた大切な法文が『歎異抄』なのだという意味に受け取れます。

しかし、その文脈のみで受け取ると、旧仏教が無実の罪で専修念仏を弾圧したという理解で終わってしまいます。つまり、間違っていたのは旧仏教側で、専修念仏側は正しかったという理解です。誤解した者が正しい者を弾圧したのだから、弾圧は不当だったのだと。

私はこの理解に違和感を感じていました。それでは弾圧された側は「正義」になります。その正義を伝承してきた教団は「正しい教団」になってしまいます。これは『歎異抄』の立場である「悪人成仏《あくにんじょうぶつ》」の思想とは相いれません。それではどう読めばよいのでしょうか。

私は、弾圧をした旧仏教の発想と私たちの発想が通底していることに気づきました。それは「how to」の知恵です。この「how to」の知恵、つまり「自力のこころ」が専修念仏を弾圧したのです。そうすると、私が法然・親鸞を弾圧した張本人だったのです。罪は旧仏教と通底する私の側にあったのです。実は、専修念仏を弾圧した悪人（私）こそが、『歎異抄』を読むべき人間なのです。『歎異抄』が表層の意味で受け取られれば、いつでもこの書は弾圧を受ける可能性を孕《はら》んでいます。そのことの重大さを自覚せよと、ここに流罪記録が置かれたのだと思います。

おわりに

本書には『歎異抄』の原文がすべて網羅《もうら》されているわけではありません。ですから、原文全体をお読みになりたい方は、他の書物をご参照ください。この書はあくまで、『歎異抄』の世界へ切り込むための入門的な書物です。

そもそも『歎異抄』は、「抄」という漢字のごとく、「手で少しだけ文字をすくいとった書」という意味です。少ないからといって、そこに真実が表現されていないということではありません。真実を表現するには、たくさんの言葉は必要ないのです。

親鸞もたくさんの著書を残していますが、煎じ詰めれば南無阿弥陀仏《なむあみだぶつ》の六文字に意味は集約されますし、また南無阿弥陀仏の意味を開けば、いわゆる一切経《いっさいきょう》(八万四千の法門)が現れてくるのです。それこそ第十条で「不可称不可説不可思議《ふかしょうふかせつふかしぎ》のゆえに」とあるように、どれほど言葉で表現しても表現し尽くせるものではありません。それは言葉を換えれば、未来永劫《えいごう》に、受け取るひとの数だけ独自の表現が生まれてくるといってもよいのです。

私たちは、親鸞が「真宗《しんしゅう》」(仏法《ぶっぽう》)のすべてを表現し尽くしてしまったと誤解してきたのではないでしょうか。その上に、すでに親鸞が明らかにしてしまった「真宗」（仏法）を学べばよいと、受け取ることばかりに懸命になってきました。まるで遺産を食いつぶす末裔《まつえい》のように。親鸞は素晴しいが、我々は劣っていると、尊《とうと》び崇《あが》めることによって、逆に親鸞をカリスマのように超人化し、自分とは無関係なひとに仕立ててしまったのではないでしょうか。

しかしそれは親鸞の願いに背くことでしょう。親鸞は、「いつでも、どこでも、だれでも」が救われる平等の救いを表現したかったのですから。極端に言えば、親鸞と私の信心が同じであると言い切れなければ、「平等の救い」にはなりません。親鸞も私もともに「阿弥陀さん」によって救われていく凡夫《ぼんぶ》なのです。

本書は、月刊『同朋《どうぼう》』誌（東本願寺出版発行）に二年間（二〇一三年一

月号～二〇一四年十二月号）掲載したものをまとめたものです。
なお「味わい」の文章については、本文で語り尽くせなかったことや、原文から新たに刺激を受けたことなどについて、今回新たに書き下ろしたものです。ぜひ、「なぜ？」に導かれながら、『歎異抄』の世界への階段を降りていっていただきたい。やがてご自身の生活の中で、『歎異抄』はこのことを言いたかったのかと、必ず腑《ふ》に落ちるときがやってきます。そのときをこそ『歎異抄』は待ち望んでいるのです。

二〇一六年一月

武田　定光

著者略歴

武田定光（たけだ・さだみつ）

1954年東京都生まれ。大谷大学文学部博士課程修了。元親鸞仏教センター嘱託研究員。真宗大谷派東京教区因速寺住職。お寺で「ご命日の集い」や「ブッディサロン」などの法座を開くほか、首都圏で親鸞講座（『歎異抄』のこころに学ぶ）の講師を担当。著書に、『新しい親鸞』『歎異抄の深淵　師訓篇』『歎異抄の深淵　異義篇』『逆説の親鸞』（以上、雲母書房）、『「歎異抄」にきく　死・愛・信』『親鸞抄』（以上、ぷねうま舎）がある。

なぜ?からはじまる歎異抄《たんにしょう》

2016(平成28)年2月28日　第1刷発行
2020(令和2)年5月28日　第4刷発行

著　者……武田定光
発行者……但馬　弘
発行所……東本願寺出版(真宗大谷派宗務所出版部)
〒600-8505　京都市下京区烏丸通七条上る
TEL　075-371-9189(販売)
075-371-5099(編集)
FAX　075-371-9211

印刷・製本……シナノ書籍印刷株式会社

ISBN978-4-8341-0521-6 C0215